FORDOBLELSEN
(når Kierkegaard bliver alvor)

JACQUES BERG

FORDOBLELSEN

(når Kierkegaard bliver alvor)

Blandt forfatterens andre udgivelser

"Himmelstigen, Niels Stensens dagbog", Forum 1993
"Den franske mor", Gyldendal 1977
"Det andet Provence", fotos Valérie Loubet, Gyldendal 2003
"Det andet Toscana", fotos Valérie Loubet, Gyldendal 2005
"Det sidste menneske – og andre fortællinger fra Provence", den lille jas 2006
"Frankrig, et moderne skindemokrati", den lille jas/Klim 2007/2012
"Provence, kogebog med landskaber", fotos Valérie Loubet, den lille jas/Klim 2008
"Kanonkongen barnet, essay om adoption, eksil og den tabte tid", BoD 2012
"Anslag I – II, tekster 2013-15", BoD 2019
"Anslag III-IV, tekster 2015-17", BoD 2020
"Anslag V-VI, tekster 2017-19", BoD 2021

(kapitel 11 af "Fordoblelsen" er publiceret i online mediet *pov.international* den 5.12.2021: tast pov.international/angstens-vejkryds/)

© 2022 – Jacques Berg
Forlag: BoD – Books on Demand, Hellerup, Danmark
Tryk: BoD – Books on Demand, Norderstedt, Tyskland
ISBN: 978-87-4303-851-1

Indhold

Forord

Som studerende i København tilbragte jeg timer i *Bibliotekshaven* bag Det kgl. Bibliotek – det var i 60'erne, længe før nogen diamant kastede sin skæve skygge over stedet. Mangen en pibefuld tobak gik op i røg i de grønne omgivelser – som regel for foden af *Søren Kierkegaard*. I gymnasiet havde vi lært, hvem han var, ikke stort mere. I al fald ikke så meget, at jeg unge historiestuderende nu ligefrem ville vide, hvad statuen havde skrevet.

Trekvart århundrede senere har samme Kierkegaard rejst sig fra sin sokkel og rumsterer nu i et afsides hus i Provence.

I mellemtiden er den historiestuderende blevet slet og ret studerende – som en pandemi og personlige anliggender nu har kastet i armene på vores verdensberømte filosof.

Han er en tænker, der stiller krav – ikke alene til sin læsers udholdenhed, men til sit medmenneske, der bevidst skal påtage sig ansvaret for sit liv. Han prædiker, skønt han aldrig blev nogen kandidat From, "retningen" (som han kalder det) for hans forfatterskab er den kristne religion.

Derfor kommer hans læser ikke udenom sit eget forhold til troen; hos Kierkegaard noget, som det er nærmest umuligt nå frem til – ja, som i grunden er absurd.

Som hans troskyldige "Læser" og "hiin Enkelte" havner jeg mellem ateisten Sartre, der kan sin Kierkegaard, men giver hans kristendom et spark, og Kierkegaard selv, der overlader det til os at opnå del i evigheden.

Det blæser på toppen af eksistentialismen – hvor dødsangstens sorte faner bølger. Det kan godt få én til at "blive en anden", et sted langt inde.

Heldigvis havde jeg andre forfattere i reolen, nogle af dem har kastet lys over min uvidenhed. De ansporede mig til at gå visse personlige valg efter i lyset af Kierkegaards tanker.

Bogens kalejdoskopiske karakter, hvor en del forbliver anslag, kræver måske lidt tålmodighed – dog langt fra så meget som forfatteren selv synes, han har lagt for dagen!

Min vej var alt andet end snorlige gennem skrifterne – som man under alle omstændigheder går til med angst og bæven. Hvem er dus med et nationalmonument?

Ordet *fordoblelse* i titlen er i mere end en forstand en spiritusprøve! Det går naturligvis på Kierkegaards egen opfattelse af begrebet – men samtidig på et kulturelt og psykologisk grundtræk i menneskets historie: den personlige flersidighed står i centrum af selvopfattelsen.

Fra Rebecca i det gamle testamente, der spørger Gud, hvorfor hun også skal være et "næsten jeg", over Nietzsche, Rimbaud og fransk litteraturs "nye roman" til nutidens identitetshysteri slås mennesket med at finde sit og sig selv. Bogens jeg indskriver sig ydmygt i efterforskningen …

St. Martin de Castillon, januar 2022.

At læse ham betyder at bo i ham, han er patos,
stemme og ensomt landskab, en uendelig og
krævende tiltale til hjertet, et diktat, en torden
og en stilhed som blomsternes ...

(Rainer Maria Rilke, 1875-1926)

1 Tyve små bind

Hvor de syv små dværge trøster Snehvide, forlanger de tyve små bind noget – de udfordrer, taler dunder, ryster én i grundvolden. Men som *Rilke* siger, de rummer samtidig blomsternes stilhed.

Pas nu på, siger den kloge, gamle kone på femte sal. Læs endelig noget andet ved siden af, ellers bliver du skør.

Og jeg passede på, læste andre ting ind i mellem, afdankede amerikanere, franske og danske romaner eller essays, tunge og lette sager med violsmag, fordærvede digtere, alt forefaldende, aviser og tidsskrifter; dertil, og som altid, lige fra barndommens første læsedage, alt hvad der rejser sig for mit blik af bogstaver og sætninger, bannere, trafikskilte, gadenavne, reklamebrøl, dødsannoncer. Lige meget hjalp det, skør blev jeg.

Nu siger en langt yngre kvinde : "Tag lige og hjælp mig med at lægge lagnet sammen". Som sædvanlig trækker jeg med vilje for hårdt, hun taber sin ende, kommer til at grine – dog lettere irriteret. Hver gang er det den samme komedie. Folde, folde. Under hele seancen bliver jeg siddende i chesterfielden med bogen i skødet.

"Hvad tænker du på?", spørger hun.

"Hvordan det mon er at bestige Mount Everest i espadriller!".

Hun ler, dagen er reddet – samt lagnet. Det er da altid noget, mumler bind 1. nede i skødet.

Jeg tænker på hans *Morskabslæsning for enkelte Stænder*, hvor fortællerens travlhed på studerekammeret er hans kone inderligt imod. Hun "kommer til" at brænde det manuskript, han er i gang med: *Du spinder Dig ind i Tankefuldhed fra Morgen til Aften (...) at være Forfatter, naar man er Ægtemand (...) er aabenbar Utroskab!* Han nøjes derfor med at skrive forord, aldrig nogen bog ... til sin store fortrydelse, for *at skrive Forord er ligesom at hvæsse Leen, ligesom at stemme Guitaren, ligesom at snakke med et Barn, ligesom at spytte ud af Vinduet, (...) ligesom at staa paa Valby Bakke og see efter Vildgæssene.**

De store ting i livet holder jeg helst tæt ind til kroppen, som de fleste. Men i en livsrus skrev jeg engang over hundrede sider om *døden*, især min. Hver side af manuskriptet hamrer endnu som de hvide tangenter hos Sjostakovitch; lyden er foreløbig fjernet, men ikke slagene.

Jeg er bare en gammel jas, der i sit udsted forsøger at håndtere de smuldrende rester af livet og søger hjælp hos en tænker.

Inden stueruret slår hel, vil bemeldte jas jo gerne kaste et blik ind i evigheden.

*

Begyndelsen ligner et tilfælde – af den slags, der kun sjældent er det: de tyve små, stift indbundne bind i rustrødt, nubret lærred med guldbogstaver, der har gemt sig på mine forskellige boghylder lige siden studietiden, stort set uberørte, tiltrækker sig pludselig min opmærksomhed.

Der er et hul i rækken, bind 5 mangler, det må være faldet fra under vores utallige flytninger. Det er det med *Gjentagelsen, et Forsøg i den experimenterende Psychologie, af Constantin Constantius* fra 1843; det må findes på nettet, det gør alt jo.

De små, forsømte bind optræder første gang i mit liv omkring 1960 i Tordenskjoldsgade, København K, oppe under taget, i en

---

* første og sidste note her: alle Kierkegaard citaterne i kursiv stammer fra "Søren Kierkegaard, samlede værker", bind 1 – 20, Gyldendal 1962, foruden fra sks.dk (Søren Kierkegaards Skrifter); de må stå til troende, forfatteren frygter, at et noteapparat skal kaste et skær af forskning over disse sider.

lille treværelsers med skrå vægge, hvor vi går i seng til Bornholmerbådens afgangstuden nede for enden af gaden.

Sidenhen på Plantanvej på Frederiksberg, i et skrummel af en villa fra trediverne, hvor ingen andre ville bo, fordi det i nogle år havde været bordel med håndvask på alle værelser, drevet af en gymnasielærerinde og hendes elever.

Derefter Paris i flere omgange og til sidst altså her, i mine bagprovencalske omgivelser, hvor jeg tilmed er flyttet rundt mellem flere landsbyer med årene.

Rundt regnet henrandt treds-halvfjerds år med de bind i hælene. Ingen af mine steder var åbenbart lige til ham; Kierkegaard stod altid i venteposition.

Gad nu vide, om Kierkegaard & Co. – forfatteren og hans pseudonymer – nogensinde opdagede, at ingen læste, hvad der stod i de tyve, små bind?

Vidste de godt, at bindene bare flyttede med, når der blev skiftet adresse? Hver gang støvbanket og ledsaget af mere eller mindre faste beslutninger om at få gjort noget ved det.

Åh, ja – til sidst var de tyve, små bind (19) kun flyttegods, ved siden af alt det andet, som man aldrig får sig taget sammen til at skille sig af med. Lidt af en nisse i virkeligheden.

Gad vidst, om filosoffen og hans flittige skriverkarle nogensinde opdagede, at vi behandlede hans liv og værk som var det blot reolfyld til at imponere rakket med?

Til gengæld er jeg underligt nok ret sikker på, at han nu er klar over, at hans tyve bind endelig er blevet læst. Lad os sige gennemtygget, faktisk fra ende til anden. Med bind 5, hullet, til allersidst.

Og at det har skabt en vis ravage.

Til tider har jeg ligefrem følt, at han fulgte med over skulderen, gjorde sine bemærkninger, bad mig læse en side igen, og langsommere, holde op med at strege så meget ind, drillede, når jeg gik i stå og bare sad og rystede på hovedet eller småsnydende hoppede hen til konklusionerne, fordi hans ping-pong med ordene og begreberne blev for meget, de logiske udredninger for knudrede, eller når han efter nogle siders friløb flot henkastede, at alt det forud såmænd bare skulle give ham lejlighed til at modsige sig selv!

Søren Kierkegaard (som vi fra nu af kalder SK) er sikkert også klar over, at jeg til at begynde med lidt luset havde forestillet mig, at jeg bare ville arbejde mig gennem bind 20 med Himmelstrups definitioner og ordforklaringer! Til nød skyde genvej ved at læse de udførlige noter bagest i hvert bind – og lade resten ligge!

Min lemfældige tilgang til skrifterne skulle jo kun give mig et indtryk af manden, et som jeg kunne gå til middage med. Hvad jeg nu ikke gør mere. Men jeg skulle blære mig – i al fald over for mig selv. Se, jeg kan endnu. Visse læsninger er rene marathonløb. Det må være femten-tyve år siden, jeg sidst løb.

Samtidig skulle jeg bruge ham til at få tiden til at gå under min sociale indeburing; jo tak, "tiden til at gå" – men det er jo den, der netop *ikke* går, som tynger. Mest under de søvnløse nætter.

De vil ikke se os gamle på gaden eller i butikkerne under pandemien, knap nok i vores egne mennesketomme bakker, hvor virussen jo snotter ud af urt og busk!

Hvor lyset og mørket kæmper mod hinanden, som salmedigteren siger; hvor vi skal makke ret og frygte det værste, som regeringen siger.

Luk de døre og skodder, vask hænder, vask hænder, råber de ad os. Selv Pilatus ville have fundet på et eller andet. Her blev det så til springet ud i de tyve, små bind. Ved noget, som jeg endnu anså for et tilfælde.

Frihed kan være at vælge sit eget fængsel. Eller bygge et inde i det, de giver én (for fuldstændighedens skyld: jeg rådede allerede over en snæver celle, benævnt *alder*, når den da ikke er en *hedebølge* med 38° i skyggen hen over to og en halv måned).

Hvordan det end gik til, følte jeg mig straks drevet til at læse hver eneste side; flere tusinde bliver det til. Siddende ved teen om eftermiddagen, til sidst tæt på brændeovnen.

Måske spillede min medfødte, noget besværlige stædighed en vis rolle?

Quoi qu'il en soit, hvad der end er op og ned, her skal jeg kun meddele, at SK med et snuptag fik mig gjort til sin "Læser", til "hiin Enkelte", der hænger på til sidste kapitel. Og til sidst stirrer ud over afgrunden.

Havende tilmed stillet mig det afgørende spørgsmål: om det kunne ende med, at jeg selv tog *Springet*. Eller ville gøre mig klart, at det egentlig var taget.

Kort og spidst kan man sige, at de små røde bind har forfulgt mig i alle de år. Nu skulle jeg så noget modstræbende, som en elendigt troende, indsyltet i senlivets fortrædeligheder, lade samtlige tyve indhente mig.

Alle bindene og deres edderspændte ophavsmand, den tungsindige stuelærde med den ualmindeligt høje pande og det mørke, indadvendte blik kom efter mig.

Jeg ved, det kan lyde anspændt, men en dag fik jeg øje på SK henne i Apt, vores lokale hovedstad, på lørdagsmarkedet. Pludselig stod han der iført figurfrakke, bredskygget filthat med høj puld, tynd stok og fjederstøvler.

De har oplevet lidt af hvert på det marked, siden det første gang blev afholdt i 1400-tallet, så ingen tog notits af ham. Han spurgte til et par lange bukser, som manden holdt op for ham. Lige da jeg ville nærme mig, var han væk. Buksemanden stod og så fjoget ud.

"Ved De, hvem det var?" spurgte jeg ham. Næh, det havde han ingen anelse om … "en eller anden hollænder måske, men fyren var nu ikke helt almindelig … han spurgte, om buksebenene var lige lange!".

På et eller andet tidspunkt finder man så de espadriller frem, nu skal det være.

Alene det kan pirre til angsten.

2 Den angst

Man er angst, svælget strammer til, vejret bliver det snart svært at få. Hundeangst siger man også, ordet beskriver netop en indsnævring, så luften kun passerer, hvis tungen hænger ud af halsen.

Angsten for at dø – eller for at være død – er der egentlig tale om.

Nogle mener, at det kun er set fra de levendes side, at døden er noget særligt. Men ingen kan vide det, kun de døde – og de siger aldrig noget!

Lige fra man bliver født, er man gammel nok til at dø, sagde en vismand i Athen. Inden han selv døde af et glas for meget.

Men måske er man gammel nok allerede *inden* fødslen – kun de ufødte ved det, alle dem der render rundt mellem benene på de døde og ikke kan sige noget.

Mellem begyndelsen og enden her på jorden går der hele og halve liv, sommetider kun minutter.

Mit eget liv brænder i huden, fortærer nyren (den ene jeg har), forkludrer hjernevindingerne, moser klokkerne, sender ildelugtende telegrammer ud om, at tiden er ved at være inde – det vil sige ude.

Selv om neglene bliver ved med at gro lige som hår og skæg, endda mere end før, og man bliver ved med at bruge udtryk som "i morgen", "lad os se tiden an", "det lover jeg dig" – på trods af de faktiske forhold.

At dø er ethvert Menneskes Lod og saaledes en meget ringe Kunst, men at kunne dø vel er jo den højeste Livskunst.

Ja, det må man nok sige – men hvad betyder at dø "vel"?

Se lige på selve ordet *angst*, eller snarere hør det: en vokal fulgt af fire hvislende konsonanter, der bagbinder vokalen, så den får åndenød. Kværkegaard!

A er *sort*, siger *Arthur Rimbaud* i sit digt om vokalerne: "A, som fluernes lådne sorte snøreliv / der glimter når de summer hen over en grusom stank".

Arthur fra Ardennerne (1854-91), fransk forvarsel om *Yahya Hassan* (1995-2020), har for resten samme hovedform som SK, men hans blik er udadvendt. Han har et digt, der ligefrem hedder *Angst*, det står i hans sidste samling "Illuminationer" og slutter:

Rulle mod sårene ad den tærende havluft; mod pinslerne ad de stille vande med

deres morderiske ånde; over mod den leende tortur i dens bølgende grusomme tavshed.

(Erik Knudsens oversættelse, som jeg kun ved findes, er nok langt lyriskere end min her)

På fransk hedder digtet *Angoisse*: de lumske konsonanter ligner her mere glatte ål, men de ender alligevel med at kværke den risikabelt elegante *voyelle*.

Men *hør* det også, hør ordet ANGST. Et skrig inde fra bunden af grotten, et dybt luftindtag fulgt af et vildt ridt på skarpe lyde, der dør hen i et åndepust ... *ngst*.

SK skriver det *Angest*, men det er fordi, man på hans tid var mere tysk end i dag. Tyskerne skrev før i tiden Angest med et lille e som repos; ordet skulle stamme fra nedertysk, hvorfor det også kan staves *Anxt* med et kors i midten til røverpak og formasteligt anderledes – et kors, der er bevaret i det angelsaksiske *anxious*; fransk har det samme i *anxiété*, ængstelighed.

Den nedertyske rod til ordet skulle betyde *snæver*, hvad der egentlig er indlysende – *eng* fører til *angest*. Ved at vælge ordet *trang* (som i trange kår) indfører vi sidebetydninger som mangel, behov, lyst, drift, længsel. Mens det smalle, det fordomsfulde, det *spidsborgerlige* ved snæver går tabt.

Angst er ikke som vores københavnske skrivende nattevægter selv kalder det, noget "begreb". Det gjorde en fransk forsker lidt ud af: SK ville jo bare provokere, mente han, polemisere som et stridsmenneske gør, for at få luft.

Angsten er skam noget meget reelt, måske ligefrem menneskets dybeste drivmiddel, selve livskilden.

En svimlende affære faktisk.

For *Tom Kristensen* er angsten "asiatisk i vælde" (*Jeg har længtes mod brændende Byer/og mod Menneskeracer på Flugt/mod Opbrud, som ramte Alverden/og et Jordskælv, som kaldtes Guds Frygt*).

Tom Kristensen kan ikke bruge den angst til noget (til andet end at digte), og hans længsel går derfor i retning af rædsel og død.

Vi derimod kan bruge digtet til at indkredse, hvad angsten er for *Vigilius Haufniensis*, SK's pseudonym af en nattevægter – og på hans måde: ved først at rende gennem alt det, den *ikke* er.

Med angst i lasten kan jeg kun gå omkuld af *corona* (berøringsangst med videre), jeg bæver for at ligge omspændt af slanger og kabler og betalt omsorg.

I grunden er jeg bange for at dø som min mor efter ugers kamp for at få luft. Hun benyttede sig af et øjeblik, hvor jeg vendte ryggen til, mens hendes lunger fyldtes af vand, og hun rallede sig væk på sekunder; en indre drukning.

Jeg er bange for dit og dat, for min egen skygge sågar, jeg vil jo ikke indse, at vi gror i jord, der siver af angst, og at der derfor, uomgængeligt, vil krybe store og små grene, foruden kviste og blade (espeløv) op ad hele stammen – og som *hele tiden vil blive bange*.

Det er klart, at det er uklart – men det skal det være!

Så langt er vi nemlig allerede inde i det psykologiske spind, der blev udtænkt indenfor voldene for 200 år siden af en døgenigt, der sled sig ihjel.

Vi ufri stympere, der frivilligt forvilder os og så ublu forløfter os!

Adam og Eva skal være de første, der blev sig angsten bevidst. Men skal man nu tro på det? Har de i det hele taget eksisteret?

Det spørgsmål er så vidtløftigt, at vi kan trænge til lidt morskabslæsning her og nu, smæk lige vinduerne op!

3 Overgangens nynnen

Efter et halvt århundrede i Frankrig er mit dansk blevet et halvt århundrede ældre. Ved samme ombæring er nutidens dansk blevet gådefuldt for mig. Megafedt!

Det var derfor en fornøjelse at sidde og læse dansk fra hans tid, smovse i store bogstaver, dobbelt-a'er for bolle-å, i'er i stedet for j og al den slags.

Foruden i en overlegen, selvbestaltet sprogføring, der kun har den ulempe at få alt andet til at ligne vandgrød; uden vitaminer og, undskyld jeg siger det, egentlig et brækmiddel.

Med ét kom noget til ære og værdighed, som man ellers er alene om at bære rundt på, et ukendt sprog her på strækket, en eksotisk form for udtryk – der nu mere trykker indad.

En poleret flodsten i lommen fik lov til at se dagens lys; den mand skrev jo fanden et øre af med sit ude i den ganske verden oversete danske.

Jeg føler mig (...) glad ved at være bunden til et Modersmaal, der er riigt i indre Oprindelighed, naar det udvider Sjelen (...) ikke stønner forfangent i den vanskelige Tanke (...) et Modersmaal, der ikke puster og lyder anstrænget, når det staaer for det Uudsigelige, men sysler dermed i Spøg og Alvor indtil det er udsagt, et Sprog, der ikke finder langt borte, hvad der ligger nær, hvad der er lige ved Haanden (...) og fremfor Alt ikke er forjadsket; et Sprog, der ikke uden Udtryk for det Store, det Afgjørende, det Fremtrædende, har en yndig, en tækkelig, en livsalig Forkjærlighed for Mellemtanken og Bibegrebet og Tillægsordet og Stemningens Smaasnakken, og Overgangens Nynnen, og Bøiningens Inderlighed og den dulgte Velværens forborgne Frodighed ... "

Navnlig *Mellemtanken* og *Stemningens Smaasnakken* tager mig med storm – og i hånden; det og så den *indre Oprindelighed*. For ikke at tale om *Overgangens Nynnen!*

Jeg får lyst til at forblive en stund mere i det, der for mit vedkommende er Fadersmålet, jeg har ligefrem svært ved at lægge det bag mig. Selv om jeg kun forstår en brøkdel, er teksten sært tiltrækkende.

Det slår mig først nu, men er vel noget af forklaringen på det med at bestige Mount Everest iført espadriller.

Nogle af hans egne ord og udtryk bliver hængende i hjernebarken, hvor de roder sig ud i en lidet respektfuld dialektik – på hans betingelser!

Med hans Slaabrokspassiar er vi snart i Peder Madsens Gang, snart i Himlen, hans Pen ikke blot slaar Klatter men ogsaa Sladder; med et Knald maa Elskovens Blomst aabne sig selv midt i en Forsamling af Thevandsknægte og Kaffemadamer, hvor kun en Enkelt er slank i Skuddet, bestemt tegnet og dog for Øiet svulmende i Skjønhedens Bølgelinier; man glemmer ganske, at Moden er Ustadighed i Nonsens og kleinmodig skal man høre paa Indvendinger, hvilke man bedst besvarer ved at sige: Bæ!

(for en ordens skyld: *knald* betød dengang kun brag – også selv om det ledsager åbningen af elskovens blomst)

Ak, der er en Lethed i Livet, der bedrøver mig og som jeg glemmer dog ved at gaa paa Frederiksberg og have med Verdenshistorien at gjøre.

Det er nu aldrig faldet mig ind, at en Forfatter var en Supplikant, en Tigger ved Læserens Dør, en Bissekræmmer, der, ved Hjælp af et Satans Snakketøj og lidt Guldstads stak Døttrene i Øiet, paaprakkede Familierne sine Skrifter.

Mens det aftnedes gruede Snakken for Taushedens Øieblik, der ville gjøre Tomheden aabenbar, urgere for at Nogle da glædesdrukkent og skrømtet lege Gavtyve-Christne, der gjøre Meenedere til Menneskeædere og synes at formene, at man blot skal være Piat – og Du skal see, alle Vanskeligheder forsvinde med Flæbernes Spildevand.

Nuvel, jeg begynder forfra, og derpaa begynder jeg bagfra for saaledes at kunne stikke Fingeren i Tilværelsen – den lugter nu af ingen Ting.

Kom an, lad os ride Sommer i By paa en Stilk Puurløg velvidende, at det at skrive en Bog er i vore Tider det Letteste af Alt, naar man efter Skik og Brug tager ti ældre om den samme Materie, og deraf sammenskriver den 11te om den samme Materie.

For til sidst aner man ikke, hvad hvem skriver, man er næsten villig til at henstille Sandheden til Ballotation og ved med sig selv, at Kunst-Talere og Tale-Kunst ikke er noget at halse efter; saa være det sagt!

Men det var dengang – og det skal heller ikke her lyde, som om ingen nu om dage kringler det danske sprog lige så træfsikkert og morsomt!

Man skal også lige vænne sig til SK og hans måde at udtrykke sig på. Det afgørende er, at han har noget at sige. At han samtidig er kunstner, skal ingen være ked af.

Men om nogen forlanger det, lad os da afholde en ballotation.

4 Om danskhed på fransk

I Frankrig læste næsten ingen SK før efter anden verdenskrig – der fandtes kun meget lidt oversat fra det besynderlige nordiske sprog. Den første tekst blev oversat i 1886, så gik der fyrre år før nogen tog fat igen. Nogle få ihærdige læsere gik til ham på tysk (som regel for at sætte ham i relation til Hegel og Schelling) og fik det ud af teksterne, de nu kunne på de betingelser. Sartre for eksempel – som vi dog gemmer lidt endnu.

En fransk gymnasielærer satte sig i 1930'erne for at oversætte den danske guldalderforfatter, der endnu ikke havde etiketten eksistentialistisk tænker.

Under krigen underviste *Paul-Henri Tisseau* på Clemenceau gymnasiet i Nantes. Han var halvvejs gennem det store arbejde, manuskripterne lå i en dragkiste, da den tyskbesatte flodhavneby blev bombet af englænderne i 1943. Alt brændte hos Tisseau.

Men efter krigen tog han ufortrødent fat igen, forfra og bagfra. Med tiden assisteret af datteren *Else-Marie*, der blev uundværlig efter en ulykke på gaden, hvor Tisseau blev væltet af en bil. Han mistede det ene øje, det andet blev efterhånden slidt ned. Han var til sidst næsten blind.

Oversættelsen (man kunne sige kampen) blev afsluttet, men den interesserede ingen. Tisseau udgav så sine tyve lærde bind på eget forlag, oprettet i landsbyen *Bazoges-en-Pareds* (departementet Vendée). Forlaget blev senere omdøbt til "Les Editions Tisseau".

Paul-Henri Tisseau døde i 1964, 70 år gammel. Hans livsværk blev overtaget af forlaget "Orante" og siden har flere franske lærde nyoversat danskeren – den ydmyge latinlærer havde ganske naturligt gjort sig skyld i nogle brølere. I dag er alt vist oversat – efter kenderes dom yderst tilfredsstillende

Til ære og værdighed kom gymnasielæreren dog først i 1994, tredive år efter sin død, da kommunen i Bazoges-en-Pareds lod opsætte en mindeplade på hans hus på hundredeårsdagen for hans fødsel.

En filosofiprofessor i Strassbourg havde udformet indskriften på pladen, der lød: "Soren Kierkegaard eut ici son "lecteur" Paul-Henri Tisseau 1894-1964, traducteur" (Her havde SK sin "Læser"...). Frankrigs "hiin Enkelte" var omsider blevet officielt anerkendt.

Datteren Else-Marie var født i Helsingør i 1925 og døde 2003 i Bazoges-en-Pareds: hun oversatte flere danske forfattere og forskere til fransk (Billeskov-Jansen, Gregor Malantschuk, Johannes Sløk, Henrik Stangerup, etc.). Det var hende, der fik tanken om mindepladen.

Det kan altså koste noget at knytte lidenskabeligt an til en lidenskabelig tænker. Tisseau var en pioner, han satte både synet og livet til.

Vi andre basker mere uskyldigt i nettet, kan nøjes med at blive genstand for sokratisk anlagte spørgsmål som "Hvad vil du med dit liv" og "Hvornår bliver du dig selv".

For ikke at tale om "det hinsides" (som oldingen i Athen lod ligge) og flere af den slags ubekvemme, personlige angreb, der ender med at gøre én livet hedt. For hvem er i grunden parat eller villig til at tage tilværelsen endsige sig selv rigtig alvorligt?

Men jeg glemmer helt, at vi her kun har åbnet en parentes for at finde ud af, hvorledes en støvet danskhed fra midten af 1800-tallet baner sig vej i sindet på en nulevende, hvor den gungrer på gangbroen i det tilfældige tilfælde, den herskrivende prøver at udforske.

Der tales hidsigt og ofte om dem, der vil flytte *ind* i danskheden – mens dem der vil *ud* af den (eller blot have den på afstand), ignoreres. Og dog er begge bevægelser at tage i betragtning, hvis det er danskhedens art og skæbne, der er på tale.

Drømmer du på dansk, bliver jeg spurgt. Aner det ikke, drømme og mareridt foregår i billeder, de viser sig som en form for stumfilm eller tegneserie, hvor boblerne kun bobler. De agerende bevæger munden, men det er også alt.

Men hvad er der da i posen med min danskhed? Nogle forældede brokker af sproget, der kun sjældent luftes, foruden erindrede situationer og personer, der engang figurerede i min daglige ramme.

Foruden alt det, der gør mig anderledes i Frankrig. Sygelig hang til rene linjer, marinerede sild, skepsis og en generelt afventende holdning … hvis det da skal være noget dansk?

Er jeg blevet en sydgallisk Hamlet, tøvende, indadkrænget (her i min lille flække, min *hameau*, på engelsk *hamlet*), er jeg en fantast som i romanen af min næsten navne fra 1857 – eller bare forgabt i tungsind og hoven selvtillid; er det de skyggerids af min danskhed, der er tilbage? Den, der overgiver mig så aldeles til SK?

Når jeg i en tyk bog om et gammelt dansk forlags historie læser om 60'ernes "intelligensreserve af arbejderbørn", ser jeg logisk nok mig selv; der er ingen tvivl om, at den baggrund udgør et element i min danskhed.

Dengang fandtes klasseskellene endnu; de blev delvis dækket af den kulturelle fernis, der sivede ind under studenterhuen og fakultetsfimsen på ørnereden, men de holdt sig – som de holder sig den dag i dag! Klasseoverløber – vel nok, nu er løbet bare kørt!

Som alle andre med hoved på købte jeg og min ægteskabelige medstuderende det omtalte forlags nyopfundne billigbøger med de zoologiske varemærker, herunder selveste det 20 binds fotografiske optryk af SK's samlede værker, der nu hænger mig om halsen og tynger mig faretruende ned mod de 70.000 favne.

At det blev de stift indbundne med forfatterens signatur i guldsnit skyldes udelukkende, at den ene af os kom fra mahognimøbler og kirkegang; alt blev jo til et kompromis (indtil alt krakkede). Måske er de stive bind grunden til, at sættet (minus bind 5) har overlevet alle flytninger og oprydninger.

Det gik dem for resten strygende, bindene, kan man læse i forlagshistorien – da først rettighederne var erhvervet til boderne fra SK's gamle forlag Reitzel (der trykte og forlagde for forfatterens egne penge). Førsteudgavens 8.000 eksemplarer blev straks udsolgt, nye oplag rullede "den gamle, kristne puritaners tanker" (skriver historikeren) uhørt langt ud i folket – eller i al fald ind i den proletariske intelligensreserve.

Det medfødte sprog og det tillærte (i den forstand, at det ene uophørligt afføder det andet, som det derefter dagligt afliver) skal jo *samleve*.

Det står i mit udbrændte rødbedepas med kristensymbolet på indersiden, at jeg er dansker. Statsborger, intet mindre. Derfra min verden svinder. Under sjældne ophold i fædrelandet holder jeg stort set kæft i det offentlige rum. Når folk hører mig tale, tror de, de er faret vild på et oldtidsmuseum. God dag og farvel er forsvundet, et transatlantisk hej og hej-hej hersker.

Men det er udenværker. *Føler* du dig dansk? Hvis der ikke er følelser på spil, går det jo slet ikke. Væk med ham, ned i sænketunnelen ud til gode, gamle Amager, hvor barneskoene blev trådt.

Ja, men det gør jeg da, føler mig dansk. Dog sommetider som noget, der er blevet en prik i horisonten.

Lige præcis kommet så langt får jeg vores danske, herboende veninde med den fransk-portugisiske mand og de to flotte døtre i telefonen. Hun taler stadig flydende sydvestsjællandsk (fra mellem Næstved og Vordingborg) med usvækket stød. Jeg benytter naturligvis lejligheden til at spørge en, der har boet så længe i Vence, hvad hun forstår ved "danskhed".

"Duften af bare marker i september ... som for resten er den måned, hvor alle mit livs vigtige ting sker!". Straks toner brede bøge frem, en duft af muld og halm som dansk grundelement, livsaligt.

For SK – i det kapitel – var det mere duften af thevand eller chokolade, måske også af wienerbasser på et konditori, hvor han kunne sidde halvskjult og vente på, at Regine skulle gå forbi på vej til sine musiktimer.

Alt det kan være meget godt, men måske er tingene ikke så indviklede. For mig kan danskheden vel kun være mig.

Hvad der strengt taget skulle fremgå af disse sider.

Bare man ikke som forfatter havde så forbandet svært ved at nære tillid til ordene, til det, man i højstegen person sidder og skriver, hvorfor skal man absolut forsøge at nærme sig sit "selv" gennem omstændelige analyser, når læseren alligevel danner sit svar inde i sit eget hoved!

Med andre ord: hvis jeg har et forhold til SK, skal det nok fremgå af disse sider, og hvis jeg får nogenlunde klaring på min ur-danskhed ved at høvle mig ind på ham, ender det vel med at tage skikkelse.

5 Sartres skæve blik

Jean-Paul Sartre (1905-80) er en af dem, der udenfor al danskhed og bagbutikindsigt bedst har begrebet SK's måde at tænke på. Og det skønt han uden blusel amputerer ham for det væsentlige. Man plejer at kalde Sartre en ateistisk eksistentialist – i modsætning til SK, den kristne eksistentialist, som vi her går vores fromme ture med.

Eksistentialismen går kort fortalt ud på, at livet er meningsløst, en tilfældig biologisk omstændighed – hvis man altså ikke får defineret det og forholder sig bevidst til dets mangel på mening! Til livets absurditet.

Det vil sige, giver det eksistens ved at søge en mening med det, fylder det ud med noget unikt – nemlig sig selv. Bevidstgør sig som individuel bevidsthed, siger man.

Sartres første stor essay, "L'Etre et le Néant" (Væren og Intet, udgivet i 1943, midt under den tyske besættelse) handler om forholdet mellem bevidsthed og frihed; forfatteren endevender den menneskelige tilværelse (eksistensen), vores indre ansvarlighed, frygten i os for fremtiden og vores iboende frihed til at befri os fra naturens årsagskæde. Få indhold i eksistensen.

Det bliver til en definition i det franske leksikon "Larousse", der lyder således: "Eksistentialismen er en filosofisk retning, der lægger hovedvægten på menneskets erfaringer, dets egne oplevelser, og mindre på eksistensen i sig selv, den handling at være (til); for eksistentialisterne er *væren og væsen* af samme identitet, de to er fuldkommen komplementære".

Da ingen ved, hvad væren og væsen er (bortset fra to gennem-heglede og gennemhegeliserede størrelser i filosofihistorien) nøjes jeg med at anføre definitionen her – som den enkelte så må gøre med, hvad han/hun nu finder på.

Men *eksistentialismen*, der hos Jean-Paul Sartre i 1945-46 bliver til en "humanisme", må have en årsag, og den finder Sartre hos SK's "hiin Enkelte". Filosofisk oversat et individ, der forholder sig *subjektivt til sin subjektivitet* – det vil sige "fordobler sig" for at komme til bunds i sit selvkundskab ... og for i sidste fase at fremstå som unik, ulig alle andre; *for Gud*, når det er SK, der taler.

Det er den fase ("det religiøse stadie"), som den franske filosof dropper med et pennestrøg

Det verdsliggjorte enkeltindivid får af Sartre betegnelsen "l'uni-versel singulier", det særlige ved det universelle eller for at tale kierkegaardsk, den enkelte indenfor det almene (vi tilføjer: og ud igen).

Hvad man egentlig skal med selvet ("soi" eller "l'être"), ja bare med sin gode vilje til at finde og være/blive sig selv, det interesserer kun mådeligt en tænker som Sartre; han er mest er ude efter det filosofiske modstykke til Hegels systemtænkning.

Da SK ikke har noget system, kan Sartre kun gå på rov hos ham – sagt lidt brutalt, tage hvad der passer ham!

Hegel, det 19. århundredes tyske mestertænker, ser menneskehe-dens historie som gennemløbet af en samlende *ide*, hvorunder alt levende, først og fremmest menneskeheden selv, fornuftigvis er indordnet; der er system i tingene, og vi er resultatet af det system. Historien afføder og former mennesket.

Fader Hegels unge, forvorpne danske kritiker vender det hegel-ske på hovedet: det enkelte menneske har ansvar for sig selv og de andre (Næsten). Som unikt væsen og samtidig en del af helheden er det *mennesket, der skaber historien*, ikke omvendt.

Det er jo en helt anden udlægning – med den ikke uvæsentlige tilføjelse, at det menneske, der så skaber historien, er skabt og frisat af Gud, om hvem der kun kan siges, at han *er.* Gud er således Historien og alting i den.

Dermed nøjes vi lige nu her – dels af uvidenhed, dels af frygt for at komme for langt ud!

I 1963 deltager Jean-Paul Sartre i kollokviet "Kierkegaard vivant" (Den levende K.). Det er året før, han udsender sin bevægende erindringsbog, "Les Mots" (Ordene).

Han havde allerede i 30'erne fundet nogle nøgler til "det absurde" hos SK (som han kalder K.) – en uhåndterlig materie, som hans antihelt Roquentin i romanen "La Nausée" (Kvalme) er gjort af : "at eksistere er at være til overs".

Og i det filosoferende allerede nævnte kæmpeværk "L'Etre et le Néant" kommer begrebet *angst* til gennemlysning.

Når "den levende K." på et kollokvium betegnes som en sådan, begynder Sartre sit indlæg, er det fordi, han er død. Logisk nok.

Hans tekster og hans tanker har overlevet ham (de samlede værker betegnes som "verbale lig" eller "tankens instrument"). På den måde slås hovedtemaet straks fast: personen K. er sit eget paradoks, dels er han dødelig (og rent faktisk død), dels lever han videre i sine ideer og tanker.

Foreløbig intet opvækkende nyt.

Som andre dødelige opstår og virker Sartres K. indenfor Historien, men forsvinder ikke med den – som de fleste af os gør; han antager en *transhistorisk* karakter. Han går over i historien ved at forlade den.

Derved ser Sartre stort på, at paradokset for SK ligger på et andet plan: i retning af det religiøse, hvor springet ud i den objektive uvished, det vil sige *troen*, skal ske på trods af vores viden, mod forstanden (eller bare al sund fornuft). Ja, faktisk helt absurd!

Modsætningen mellem Gud den almægtige og Sønnen Jesus som et forfulgt menneske, dømt og dræbt her på jorden af andre mennesker, er jo for SK fast utrolig, netop uden mening – og dette er så kristentroens art og indhold, dens bud til os, som han ser tingene : Gud skal og *kan* kun tros.

Når religionen er lagt bort, kan Sartre nærme sig "le chevalier de la subjectivité" (subjektivitetens ridder) eller "le martyre de l'intériorité" (inderlighedens martyr) på sin helt egen måde.

Han tager K. ved vingebenet og får ham så at sige ned på jorden ved mere banalt og jordnært at lægge vægten på modsætningen mellem timeligt og utimeligt, mellem historien og hvad der er ud over eller efter den.

Således er vi vidne til *materialiseringen* af en tænkning, der med Sartres udtryk "spænder historien fra". Han bruger det i grunden særdeles SK'ske, flertydige udtryk "faire sauter l'histoire", der betyder afskaffe historien, få den til at hoppe og danse (pandebrade) eller … spr ænger den i luften.

K.s tænkning udspringer i følge Sartre direkte af hans liv, barndommen med den aldrende, tungsindige far, der læsser sine egne synder og formodede gudelige forbandelse over på sine børn, navnlig på Søren, der i forvejen er belastet af tvangstanker om sin tidlige død og lider af en godt skjult "seksuel afvigelse" (*tous les auteurs s'accordent pour découvrir une elle, comme son noyau, une anomalie sexuelle (…) cette anomalie est K., elle le "fait"*: alle, der har skrevet om K. er enige om, at denne afvigelse (pælen i kødet) er kernen i hans personlighed; den seksuelle afvigelse er K., gør ham til den, han er).

"Evigheden" bliver hermed mere tilgængelig, ja, nærmest et psykologisk fænomen, som eksempelvis i begrebet fordoblelsen ("le redoublement"), den i et sluttet kredsløb selvforsynende tankemanøvre, hvor subjektet er *vidne til sin subjektivisering.*

Jeg tænker her umiddelbart på Rimbauds *Je est un autre*, som dansk grammatik gør uoversættelig – hvad der i grunden åbner vejen for mange flere fortolkninger end på fransk!

Lad os her nøjes med at sige med filosoffen Merleau-Ponty, Sartres samtidige: jeg er det, der sker med mig (*je m'arrive*, jeg sker mig). Eller "Jeg er ikke mig", som Inger Christensen formulerer den unge poets skrig efter eksistens.

Sartre ser således i den "afkristnede eksistentialisme" ikke en dialektik mellem mennesket og Gud, men mellem det endelige og det uendelige, altså historien og det transhistoriske. Han opfatter den samtidig som en måde at bruge humor og ironi på – udtryksformer der tillader at vise sig og skjule sig på samme tid (hvor de for SK er langt mere end en sprogform, nærmest en modus, en tankens vej).

"Manien med pseudonymer" bliver til en form for gemmeleg, men alligevel mener Sartre, at K. formulerer sine problemer ud fra sit eget liv. Han kalder ham en "anti-filosof", fordi han er ude efter begyndelser (som for ham altså er svøbt i kristendommen), hvor filosofien for Sartre fremtænker og stiler mod at se virkningen af de foreliggende årsager.

Så K. er uklar ("obscure"), hans løsninger rent verbale, og han forvilder sig i tanker om det absolutte i det relative.

Kommet så vidt i Sartres indlæg på kollokviet kunne man måske bare skippe den franske filosof, så tydeligt er det, at han anlægger sin egen optik.

Men det er navnlig friheden til at vælge, der bliver Sartres åndelige slængkappe: "Friheden findes i hvert menneske, den er fundamentet for vores historie".

Så er den hjemme – og eksistentialismen med. Hvor vi end har friheden fra – og friheden til hvad (eller *hvorledes*).

Konkluderende siger Sartre, der undervejs erklærer sig for nevø af K.: "Når jeg læser K., vender jeg tilbage til mig selv (…) han indbyder mig til at forstå mig selv som kilden til alle begreber (…) ethvert menneske er hele mennesket, "vi er alle Adam", individet i det universelle (…) enhver af os er Søren som et eventyr (…) han har givet historiciteten et udtryk, men rammer selv ved siden af Historien".

Sartres skæve blik på K. er interessant. Han ser ham fra sin egen vinkel og pletfjerner det religøse perspektiv. Derved rammer han måske nok ved siden af SK, men han gør det bevidst, og forklarer selv hvordan og hvorfor.

På den måde er Sartre ikke langt fra at være en "Læser" efter bogen!

6 Skriverkarlene

Sartre mener, at SK's brug af opdigtede navne eller *pseudonymer* kan ligne en gemmeleg. Men det er lige det modsatte: forfatteren til forfatterne har selv forklaret, hvordan det ligefrem kan være nødvendigt at lade andre komme til orde, det vil sige "skrive for sig".

Hvis han gemmer sig, er det i den bedre sags tjeneste: for at indholdet eller meningen skal fremstå klart.

Det vil vi nu prøve at forstå, idet vi igen vælger nogle omveje – en slags *indirekte meddelelse.*

Først en tur om ad digtergeniet, provinsroden *Arthur Rimbaud*, som allerede er blevet nævnt her og som i vore dage nærmest har rockerstatus; han er endda blevet truet med at rykke ind i Panthéon og ligge blandt nogle af Frankrigs store mænd og kvinder. Familien siger nej tak.

Uden ligefrem at bruge pseudonymer eller "skriverkarle" skal også han *ud af sig selv.*

Det er som 16-årig, han i et brev til sin lærer og ven Georges Izambard bruger udtrykket "Je est un autre". Den grammatikalsk invaliderede sætning fra 1871 er blevet hans varemærke – og for mange et bud på nutidens eksistentielle problem.

På dansk er vendingen som sagt uoversættelig, hvorimod tysk og engelsk klarer det: "Ich ist ein anderer" eller "I are someone else". Men vi forstår alligevel godt, at "Jeg (er) en anden" ikke helt, eller ikke kun, kan betyde "være sig selv".

Når jeg'ets *er* står i tredje person, opstår en vis dialektik.

Bortset fra det bliver det franske *est* (er) rent fonetisk til *(h)ais* som i *Je (h)ais* ... jeg hader (en anden). Sætningen er "forkert" – eller meningsoverfyldt!

Begreberne klares, hvis vi læser videre i digterens brev: *Tant pis pour le bois qui se trouve violon*: "Træet må finde sig i det, hvis det er blevet til en violin".

Det er stadig noget træ – men samtidig noget andet og meget mere.

I et andet brev et par dage senere og til en anden gentager Arthur udtrykket *Je est un autre*, nu med tilføjelsen *si le cuivre s'éveille clairon*, "hvis kobberet vågner som signalhorn"; og han fortsætter: *j'assiste à l'éclosion de ma pensée*, "jeg er vidne til min tankes udfoldelse".

Fordoblelsen, her igen. Hans "jeg" rykker sig, men hvorhen? Det antager en ny skikkelse, det både er og ikke er, hvad det oprindeligt var. Det er stadig mig, men som en anden, et andet jeg. Man kunne sige det genfødte jeg.

Den portugisiske digter *Fernando Pessoa* søsatte i sine værker over 70 pseudonymer, som han dog kaldte *heteronymer*. Pessoa betyder på portugisisk "Ingen". Med det navn kan man godt have brug for at hedde noget andet!

Det begyndte en dag i 1914, hvor han pludselig blev inspireret til flere store digte, som han skrev i en afsindig raptus.

Han betegnede senere den dag i Lissabon som "triumfens dag": det store *Øjeblik* er ikke som nuet blot et snit i tiden, et led i den kronologiske kæde, men rummer en ganske særlig oplevelse, hvor tiden både er ophævet og udfyldes.

Det øjeblik kan gøre hvem som helst til en anden; så overvældende var det for Pessoa, at han måtte dele det med andre. Han havde ingen for hånden – og så var det alligevel der, han havde dem.

Selv siger SK om de dele: *Oieblik er af en egen Natur (...) fyldt af det Evige (...) lad os kalde det Tidens fylde.*

Et af de øjeblikke kunne være, da Johannes Climacus sidder i Konditoriet i Frederiksberg Have, hvor han pludselig ser klart på tilværelsen:

Det er vel nu en fire Aar siden, at jeg fik det Indfald at ville forsøge mig som Forfatter. Jeg husker det ganske tydeligt, det var en Søndag Eftermiddag (...) Du gaar nu, sagde jeg til mig selv, og bliver et gammelt Menneske, uden at være Noget og uden egentligen at foretage dig Noget (...) Her afbrødes min Selvbetragtning, thi min Cigar var udrøget, og der maatte tændes en ny. Saa røg jeg igjen, og da farer pludseligen denne Tanke gennem min Sjæl: Du maa gjøre Noget, men da det for Dine indskrænkede Evner vil være umuligt at gjøre Noget lettere end det er blevet, saa maa Du med samme menneskekjærlige Begejstring som de Andre paatage Dig at gjøre Noget sværere. Dette Indfald behagede mig overordentligt.

Det er dog kun et "Indfald", ganske vist med høj cigarføring og omkring en flødeskumskage, men ikke ligefrem noget lynnedslag.

Et "Oieblik" for SK ligger på et andet plan, nemlig i retning af det, han kalder *Springet*. Som vi venter lidt med endnu.

Den dag i Lissabon, hvor Pessoa havde sin skabende ekstase, stod tre af hans heteronymer lyslevende for ham: *Alberto Caeiro, Alvaro de Campos* og *Ricardo Reis.*

Efter Pessoas død i 1935 fandt man i en dragkiste 27.543 upublicerede tekster af ham og hans medskrivere – den endelige liste over manuskripterne lå først udarbejdet 23 år senere (det var dog hos *Ophelia*, Pessoas Regine, at man fandt portugiserens rent ud "kierkegaardske" breve til den kasserede kæreste).

Deres samlede prosa og poesi kredser om "jeg"'et, om bevidsthed og en ensomhed, der var for stærk en kost for ham; han følte sig tvunget at beskytte sig selv og overlade til andre at skrive om sine lidelser.

Som barn fik jeg lyst til at skabe en fiktiv verden omkring mig, omgive mig med venner og bekendte, der aldrig havde eksisteret (men jeg ved nu ikke, om de ikke i virkeligheden har eksisteret – og det er mig, der slet ikke findes), skriver Pessoa kort før sin død i et tidsskrift.

Fra at hedde *Ingen* til slet ikke at findes er vejen kort.

Heteronymerne foruden halv-heteronymen *Bernardo Soares* (forfatteren til "Rastløshedens bog", på dansk i 2005), skrev digte og romaner, der ofte tog pusten fra Fernando. Hans forhold til andre var ikke så ligetil.

At han kaldte dem heteronymer og ikke pseudonymer skal angive, at de hver for sig inkarnerer en selvstændig, fiktiv forfatter, der har sit eget liv og sin egen litterære stil. Lidt som hos SK, hvor hvert pseudonym står for en eksistensmulighed og har sin egen profil.

I en novelle af *Peter Seeberg* mister en patient langsomt sine legemsdele, der bliver erstattet med metalproteser og slanger; det tager han nogenlunde roligt – i stedet for at se sin krop som et uhyggeligt makværk giver han lægerne ret i, at han har "lidt af et jernhelbred".

Men da han en dag også får skiftet hovedet ud, kommer han i vildrede: er han stadigvæk sig selv? ("Eftersøgning og andre noveller", 1962).

Det kan forekomme selvmodsigende, at en forfatter som SK, der manisk fremskriver selvet og striden for at komme ind til det, stå ved det, tage ansvar for det, uafbrudt have det for og med sig, at netop han føler trang til at omgive sig med parallelle penneførere. Nærmest barrikaderer sig bag dem.

Skal vi opfatte pseudonymerne som forskellige sider af forfatterens personlighed? Af hans væsen og væren? Sådan at personens og værkets helhed netop ligger i *flerstemmigheden*.

Hvad der ville "åbne" forfatterskabet og gøre det flertydigt – lige svært at tyde, men endnu rigere.

Eller er kompagniet blot et udtryk for en ældgammel menneskelig trang til at forklæde sig – for i ugenkendeligheden at kunne kæfte op mod magten ligesom under et karneval; eller give den som stilfærdig familiefar og massemorder?

Det kan også bare være, at forfatteren SK til sine forskellige skrifter (afhandlinger, anmeldelser, romaner, polemik, prædikener ...) har brug for at skifte ham.

At bære maske udelukkende for at svælge i maskepi ligner ikke SK; men det må han hellere selv forklare.

Min Pseudonymitet eller Polyonymitet har ikke havt en tilfældig Grund i min Person (...) men en væsentlig i selve Frembringelsen (...) Jeg er nemlig upersonligt eller personligt i tredie Person en Souffleur, der digterisk har frembragt Forfattere (...) Der er saaledes i de pseudonyme Bøger ikke et eneste Ord af mig, jeg har ingen Mening om dem uden som Trediemand (...) Saalidet som jeg i Enten-Eller er Forføreren eller Assessoren, saalidet er jeg Udgiveren Victor Eremita, (...); han er en digterisk-virkelig subjektiv Tænker (...) Juridisk og literairt er Ansvaret mit, men dialektisk er det ikke mig, der har foranlediget Frembringelsens Hørlighed i Virkelighedens Verden (...) Mit Ønske, min Bøn er det derfor, at man, hvis det skulde falde Nogen ind at ville citere en enkelt Yttring af Bøgerne, vil gjøre mig den Tjeneste, at citere den respektive pseudonyme Forfatters Navn, ikke mit, det vil sige: dele saaledes mellem os, at Yttringen qvindeligt tilhører den Pseudonyme, Ansvaret borgerligt mig.

Vendingen *at Yttringen qvindeligt tilhører den Pseudonyme* betyder vel, at teksten er skriverkarlens barn. Er SK's pseudonymer da indirekte hans børn? Hvorfor ikke, det åbner for et nyt perspektiv : de bliver det afkom, han aldrig fik. En nydelig tanke, synes jeg. Han elskede børn, så meget og så godt, at han så lige igennem dem.

Da Gud befaler Moses at føre jøderne ud af Egypten, vil Moses lige vide, hvem det egentlig er, der taler. Hvem som helst af alle de guder, han kender, kan jo finde på sådan noget – mens det samtidig er ganske rigtigt, at jøderne drømte om at vende tilbage til deres land, slippe ud af det Egypten, hvor de levede under åg.

Svaret lyder: *Yahve*, opfattet af Moses eller i al fald af andre senere som "Jeg er den, jeg er" ("Den, jeg bliver", "Den, der er").

Grækerne oversatte det hebraiske tetragram YWH som "Jeg den værende": *Kyrios*, Mesteren, Herren – men altså en navnløs. Gud er fra begyndelsen sit eget pseudonym. *Je est un autre* – Gud er ikke sig, men en anden!

Man kan eller må ikke give Gud et navn. Som ånd er han overalt og til evig tid – men navnlig uden for tiden, den vi kender. Det er YWH, der i det 16. århundrede bliver til Jehova. Som nogle så opfatter som et egennavn.

Den må Moses nøjes med: Gud har ikke noget navn, han *er* bare. At kalde ham noget, er at gøre ham til afgud. Ikke "af Gud", men afgud. Med mindre "Gud" er et navn, som vi også kender som Illah, Guden, eller Allah, Gud.

Lidt på samme måde kan den, jeg er, ikke oplyses eller *meddeles*, i al fald ikke sådan lige ud af posen.

Noget andet er, om man overhovedet kan forklare, beskrive eller videregive en religiøs oplevelse, der går hen og bliver en overbevisning eller en livsopfattelse? En sådan bygger på selvbesindelse, belæres vi om hos SK, altså noget personligt og individuelt, der forbyder sig selv at blive meddelt til andre selvbesindende. De har nok i deres!

Summa summarum, enhver ligefrem meddelelse om hvad der, religøst set, ligger og ulmer i inderligheden, dybt i min sjæl, er fup. En form for afguderi.

Kristus selv er blot et tegn, det vil sige en *indirekte meddelelse* om Gud. Det må al tale om tro derfor også blive.

SK svælger først i logisk tilstrammede udtryk som "dobbelt-re-flektion" og "meddelelsens dialektik". Det er her, indrømmet, at jeg ofte står af.

Da han har indset tilværelsens dobbelthed eller dialektik (menneskelig/guddommelig), ved han, at al tale om "inderlighed" kun kan antage en "indirekte" form: ingen kan udsige noget ligefremt om noget modsætningsfyldt. Kun omveje fungerer eller fører derhenad.

Meddelelsen (undervisningen) om de afgørende sager i tilværelsen kan derfor kun optræde som ironi. Som hos Sokrates eller "dobbelt" som hos SK: meddelerens forhold til det, han meddeler skal inddrages – og det vil den inderlige tænker egentlig helst være fri for.

Kunsten – eller fidusen – er derfor at "bedrage ind i sandheden", altså gribe den modtagende, læseren for eksempel, i fippen, få ham til at tro, det handler om alt andet end Gud (eller bare om sandheden) og på den måde føre ham til selv at *tænke* – og ende med at *tro* ... nemlig ved at opgive tanken!

Hvis det altså er der, man vil have vedkommende hen. En form for manipulation, et ædelt håndværk.

(forleden blev jeg bedt om ikke mere at skrive "hello boy" til et af mine farvede børn, for han læste nu ordet "boy" som "husslave"; først stejlede jeg og slog på min ytringsfrihed – foruden det absurde i den underliggende anklage; men så stod der hos SK, at jeg skulle ydmyge mig, lytte mere, lade samtalen styre af den andens muligheder – kort sagt, "bedrage"; det prøvede jeg, det hjalp, vi kom helskindet ud af knudeværket ... tilbage står dog cancel kulturen og al dens væsen)

Ved således at strejfe rundt i SK's udsagn om pseudonymer er vi vel alle med på, hvad han også vil med disse: vinde frihed til at sige lige, hvad han har lyst til – og gøre det så kringlet, men også underfundigt, at selv en professor forstår det!

Måske skal vi heller ikke glemme, at det altsammen rummer et element af *leg*; foruden et stænk romantisk tilsløring. Kunstneren er per definition et legende væsen, kunstværket er i sig selv en leg. Består den end i at "bedrage" os, er den immervæk en leg – og kan derved blive nærmest guddommelig!

SK bliver ikke i mindre grad en alvorens mand af at lege. Han leger med sproget, med begreberne, med tanken – med os. Når han skriver hjem til en nevø fra Berlin og fortæller, at mælkevognene dernede bliver trukket af store hunde, drager han drengen ind i en leg.

Vi leger nu tilbage ved at læse ham (til ende), først på grund af sundhedskrisen, så fordi, vi ikke længere har noget valg. Frivilligt hedder det – men den tror jeg nu ikke på.

Man indoptager SK så godt, man kan – og meddeler troskyldigt, hvad der kom ud af det.

7 Vælge valget

Forfattere undsætter andre forfattere – som regel uden at vide eller ville det. Nu *Paul Auster*. Han skriver et sted i romanen "The Invention of Solitude": "Slowly, I am coming to understand the absurdity of the task I have set for myself. I have a sense of trying to go somewhere, as if I knew what I wanted to say…"

Langsomt går det op for mig, hvor absurd en opgave, jeg har sat mig. Jeg føler, jeg skal et eller andet sted hen og ved, hvad jeg vil sige, men jo længere jeg kommer, jo mere overbevist bliver jeg om, at vejen til målet slet ikke findes. Jeg må opfinde den skridt for skridt, hvilket igen betyder, at jeg aldrig kan være sikker på, hvor jeg egentlig befinder mig. Følelsen af at gå i rundkreds, hele tiden at vende tilbage i mit eget spor, griber mig; det er samtidig som om, jeg bevæger mig i flere forskellige retninger på én gang (…). Ikke så snart får jeg en tanke, før den afføder en anden, og så en helt tredje, detaljerne hober sig op, de truer med at kvæle mig. Aldrig før har jeg været så bevidst om kløften mellem tankerne og det at skulle skrive om dem.

Bedre kan jeg i al fald ikke sige det. Læseren har vidst det fra begyndelsen.

Måske skyldes det ganske enkelt – om jeg så må sige – at det er umuligt at indleve sig i et andet menneskes tankeverden, nej ikke indleve sig, få styr på og berette, hvad indlevelsen har betydet. Sætte ord på oplevelsen – og på en national kulturarv som SK! Må man i det hele taget det?

Det kan ligne åndelig voldtægt og ender velsagtens med en vanskabning … der i betænkelig grad ligner en selv. Som hvis man fra Mahlers 6. symfoni udskilte og kun hørte de steder, hvor et piskeris, en enorm træhammer og en kobjælde overtager musikken.

At fejle eller forfejle kan dog på en indviklet måde føre til et vist resultat, i det længere løb. Man skal bare udvise stædighed og tålmodighed. Det betyder her, at jeg trods alt går videre, men med en fornemmelse af, at projektet SK og mig kan kæntre – indtil hovedet er bidt af al skam. Og Kierkegaardforskningen dør af grin.

Lad os foreløbig sige, at det her i stedet for at handle om SK kan gå hen og blive til noget (eller nogen) "omkring" ham.

Thi hvad kan være mere udsigtsløst end at ville gøre rede for SK's tanker om individets uomgængelige *selvovertagelse*, for bare at tage det, eller for hans donquichotiske "kirkestorm" – to af de filosofiske rundture, der nu hærger min stadig mere stakåndede provencalske tilværelse.

Og navnlig, hvad skal jeg stille op med en kristendom, der er så krævende, at intet menneske, end ikke SK selv, kan opfylde betingelserne, gøre sig værdig til at være kristen, endsige til at rejse sagen?

Derfor handler alt det her i virkeligheden om det *udsigtsløse*. Liv og død, foruden al resten, herunder det tikkende stueur – der når det kommer til stykket er en del af evigheden.

En af de ting, der gør SK særpræget er, at han hverken moraliserer eller belærer. Han har ikke nogen model, endsige "løsning", han skal af med, ikke noget program.

Han ved nok, hvad han vil og bobler af trang til at meddele sig, om det så skal være indirekte eller *personligt i tredie Person*, men ind i mellem sidder selv den mest bevidste og viljebårne, nemlig hans "Læser", med en fornemmelse af, at forfatteren i grunden taler med sig selv. Til nød med sine medforfattere! På forfattersiden er det pendanten til, at vi andre ikke læser en bog, som den er, men som vi selv er (W. Heinesen).

Hans stejle, stædige, stolte, udfarende temperament, for det meste godt pakket ind i tungsind, får ham til at støde læseren ind i sig selv. Hvad der på en måde samtidig er hele fidusen. Blot på SK's, betingelser.

Beskeden er dybest set: læs mig (langsomt) og antag mig! Eller gå ad helvede til!

Alt det svære og uoverkommelige i vores tilværelse, det vi normalt slører bag hverdagens trummerum, bag vores medfødte åndelige dovenskab, ulyst til strid, en knivspids fejhed ... det, vi godt ved, vi skal tage stilling til, men udsætter, henlægger, sylter, det borer SK lysteligt i.

Vi skal nemlig *vælge* for overhovedet at *være*, hele tiden vælge. Være et *vælgende menneske* for at være menneske.

Han har et godt øje til akkurat mig:

(…) forlad Dit Hjem, vandre ud, gaa til Paris, offre Dig for Journalistikken (…) døv enhver hoiere Stemme i Dit Bryst, hendøs Dit Liv i Soiréernes glimrende Usselhed, glem, at der er en udødelig Aand i Dig, piin Din Sjæl til den sidste Hviid, og naar da Vittigheden forstemmer, saa er der jo Vand nok i Seinen og Krudt i Kramboden og Reiseselskab til enhver Tid af Dagen ...

Hvor ved han det fra, hvordan forudså han det så længe før?

En mand græder, da kortegen med Victor Hugos kiste kommer forbi; kendte han da den store forfatter, spørger en ved siden af ham. Nej, lyder svaret gennem tårerne, men han kendte mig!

Men hvad skal det nu betyde at være et *vælgende* menneske?

Det at vælge (kommer) ikke saa meget an paa at vælge det Rigtige, som paa den Energi, den Alvor og Pathos, hvormed man vælger (…) Mit Enten – Eller betegner ikke nærmest Valget mellem Godt og Ondt, det betegner det Valg, hvorved man vælger Godt og Ondt eller udelukker dem (…) Individet bliver sig da bevidst som dette bestemte Individ, med disse Evner, disse Tilbøjeligheder, disse Drifter, disse Lidenskaber, paavirket af denne bestemte Omgivelse, som dette bestemte Produkt af en bestemt Omverden. Men idet han saaledes bliver sig bevidst, overtager han det Altsammen under sit Ansvar. Han hæsiterer ikke, om han skal tage det Enkelte med eller ikke; thi han veed, at der er noget langt Hoiere, der er tabt, hvis han ikke gjør det (...) i Valget gjør han sig selv elastisk, forvandler hele sin Udvorteshed til Indvorteshed. Han har sin Plads i Verden, i Friheden vælger han selv sin Plads, det er, han vælger denne Plads (...) i Valget gjør han sig selv til et bestemt Individ, til det samme nemlig; thi han vælger sig selv.

I grunden er der ikke mere at sige. Det er klart som kildevand. Og dog – når en mand som Sartre kan forstå friheden hos SK som kernen i det moderne menneskes politiske og ideologiske engagement, i noget rent *udvortes*, ja, så kan man måske tillade sig at overveje tingene.

Friheden består i at vælge og vælge sig selv, siger SK. Selve det at ville vælge, at *være* vælgende, *er* frihed. Ved at blive et bestemt individ og ikke hr. hvemsomhelst (spidsborger eller krudthoved) tager jeg hånd om mit liv og bliver (med)ansvarlig for det.

Ja, tak, men hvad så? Hvis jeg får eller bliver frihed, en frihed, der tilmed for alle andre forbliver usynlig, udelukkende indvortes, må der i den, altså i mig, ligge om ikke en hensigt, så en mulighed, en slags udsigt. Ellers har det ingen mening. Hvad skal jeg med mig, med den *frihed*?

Fri for hvad og hvem, fri *til* hvad?

Mennesket kæmper altid og allevegne for frihed, ikke nødvendigvis i SK's indviduelle forstand (der i sin almenhed samtidig gælder alle og enhver) – i vore dage måske mere end nogensinde.

Som i 1848, hvor der rundt omkring i Europa opstod revolutioner, der imidlertid med en svensk historikers udtryk "kom av seg", gik i deres mor igen.

Det var sociale og politiske rørelser, krav om frihed – i stil med "Frihed, Lighed og Broderskab" fra århundredet før; retten til at gennemløbe livet som andet og mere end et arbejdsdyr bundet til skaglen, retten til at få indflydelse på, hvordan samfundet skulle se ud, landet styres (af mænd, selvsagt), retten til at tale og tænke frit. Ikke så lidt i grunden.

Det var SK i mod. "Ånden fra 48" var ikke lige ham. Det var jo masserne, der meldte sig, "publikum", noget så håbløst som folket. De mange har altid uret. De styres, lokkes, forvildes og narres, kan kun skuffes, de føres bag lyset af de uvederhæftige, der kæfter op; den almindelige mand, som SK værdsatte, gjorde sig selv en bjørnetjeneste ved at blafre med røde faner.

SK er monarkist, han har visse aristokratiske tilbøjeligheder, hans tankeforfinelse oversat til dagligliv i lillestaden kan kun få ham til at vende sig mod "uroen", "røret", "bevægelserne" – desuden vil han ikke pille ved politik med en ildtang.

Nej, Politik er ikke min Sag; at følge med Politiken endog blot den indenlandske, i disse Tider er mig i det mindste en Umulighed. Naar Noget er meget hurtigt, nu vel, man gjør et Forsøg på at følge med; naar Noget er meget langsomt, nu vel, man gjør et Forsøg på at udholde det Kjedsommelige i at følge med. Men naar Noget er frem og tilbage, op og ned og ned og op, ogsaa i Staa, og rundten om og op og ned og tilbage igjen: saa er jeg ikke i Stand til at afgive det frivillige Følge (...) Derfor afholder jeg mig fra Politik (...) For mig løber det surr, vistnok ogsaa fordi jeg veed for lidt (...) Politik er mig for Meget. Jeg elsker at samle min Opmærksomhed på det Mindre, hvor man stundom kan see aldeles det samme".

Og i en note: *Stakkels Danmark, fra et uhyre Navn som Stat i Europa, er du sunket til en Ubetydelighed, tilsidst til en Kjøbstad –* det er nu hele Klatten (dværgstaten fra 1815 og de nye ulykker i 1848-49)

Men hans frygt for, hvad de ophidsede masser finder på, hans foragt for "mængden", bunder først og fremmest i hans særlige opfattelse af begrebet frihed: den rent indvortes bevægelse for at blive sig selv, blive et helt og ansvarligt menneske, betyder ikke, at borgeren er frit stillet til at blande sig i de offentlige anliggender eller statens styrelse. Friheden ligger ikke til skue, den består ikke at handle (selv for en sag, der kan synes god), friheden er dig og mig som et (selv)opfyldt menneske.

Gå ud i byen med den og kast med brosten!

Idet jeg vender mig mod mit indre og leder efter min egenartede personlighed, idet jeg tager det fulde ansvar for at være mig, idet jeg dermed bliver alvorlig og endelig voksen, har jeg valgt at være *fri* – men ikke for noget, ikke til nogen ydre handling, kun fri som et "produkt" af mig selv.

Et subjektiviseret subjekt. Fordoblet.

Der vil intet være at se på mig, min befrielse udstråles ikke i bengalsk belysning, jeg stormer ikke slagordsråbende gennem gaderne, jeg er ikke blevet en anden, kun den samme og samtidig så ny (eller gammel) som det lille, grønne blad på egetræet. Fornyelsen som tilbagevendede ritus, individualiteten som gentagelsen af al bevægelse, liv flettet sammen med døden.

Friheden hos SK ligger således på de indre linjer, er noget *indvortes*, den er for den enkelte, den laver ikke om på ens plads i verden eller på verden selv, den kan ikke forhandles, udbydes, ombyttes – men heller ikke fratages mig. Den er i det hele taget ikke meget værd i handel og vandel!

For SK fører den frihed til sandheden som er kristendommen: *Derfor vil Christendommen (...) først og fremmest hjælpe hvert Menneske til at blive sig selv (...) drage Mennesket som frit Væsen til sig, altsaa gennem et Valg.*

Her står de fleste nu om dage af. Den frihed er jo ingen frihed! Når endemålet er at overlade sig, jeg havde nær sagt selveste sig, til Gud, har man overladt sit selv og sin hårdt tilkæmpede frihed til en anden, til *Styrelsen*, sat sig ud af kraft som det frie væsen, man med møje og besvær fik tømret sig ind på.

Man har erhvervet sig samling og indhold, alvor og karat, man har vist vilje til at vælge, man har betalt prisen, i visses øjne er man nu fortabt – i andres frelst. Og det var så det.

Men det er jo lige det, SK handler om, hans frihed er en livs-opgave – og nærmest umulig at virkeliggøre. Alene at blive klar over, hvad den går ud på, er en aldrig standende strid – og når bevidstheden om målet begynder at tegne sig i horisonten, er vejen endnu lang og tornestrøet, alt andet end et knips med fingrene, en nærmest overmenneskelig byrde.

Angstfremkaldende – men den eneste, der har virkelighed.

Jeg skal således ikke andet med min frihed end fryde mig over, at evigheden vinker forude. *Frihed*: fordi vi bliver mennesker af den, *Lighed*: fordi vi alle er underkastet samme lov, *Broderskab*: fordi vi som brødre deler skæbne. Men ellers er der ikke meget 1789 over SK.

Der er mange måder at sige det på, men vores filosof *prædiker* jo (ganske vist "uden myndighed") – også når han mere ligner en assisterende psykolog for fortvivlede, beængstede eller søgende sjæle.

Det var sådan omtrent det sidste, jeg forventede at dumpe ned i, da jeg begyndte at hive de små røde bind ud af reolen.

8 Sagde du gentagelsen?

I Milan Kunderas roman "Den ulidelige lethed", der bulner af angst, afviser hovedpersonen Nietzsches tanke om "den evige tilbagevenden". En barok myte, siger han.

Han nævner ingen steder SK, men læseren får ham i tankerne fra side til side, romanen er i sit anlæg og emne stærkt præget af filosoffens univers.

Hvis det forholdt sig sådan, at alting, hvert menneskeliv, gentages i det uendelige, ville intet, hverken i vores individuelle tilværelse eller i den store Historie, have hverken indhold eller betydning. Alt ville i virkeligheden være ligegyldigt – eller lige gyldigt, skriver Kundera.

SK vil have mennesket til at tage ansvar, til at gøre *sit* liv til noget særligt. Som *eksistens*. Den og ingen anden. Det er vores valg. Nu eller aldrig – og vi kommer ikke igen, vi får ikke en chance til!

Det nederdrægtige er, at jeg sådan set altid har valgt mig selv – blot i en lidt anden betydning! Og se, hvad der kom ud af det. Fordi jeg ikke anede, hvad det egentlig består i, hvad *valget* egentlig er. Som alle andre gik jeg frem i livet efter kompasnålen mig-og-mit. Det var det forkerte eller det miskendte selv, det rent ydre. Det kortsigtede, det uansvarlige. Egentlig de andres.

Men nu én ting ad gangen, her tænkte jeg mig at standse op ved SK's *Gjentagelsen*, idet jeg ser, han lagde vægt på begrebet.

Og så, herrejemini, forstår jeg ikke en brik af, hvad det går ud på! Hverken hvad SK selv siger om fænomenet eller de kloges udlægning af det.

Der er ikke andet at gøre end krybe til min gamle filosofikumlærer, lektor, dr. jur. et phil. *Jens Himmelstrup*, der et helt år, tørt og sagligt, indslusede årets russer i filosofihistorien. Det foregik på Københavns Universitet, på de hårde træbænke i Studiegårdens store auditorium, sidst i 50'erne – hvor der endnu blev afsat tid og plads til en vis intellektuel luksus.

Ham er det jo, Himmelstrup, der står for bind 20, "Terminologisk Ordbog"; side 78 indleder han artiklen "Gjentagelse" meget opmuntrende:

Begrebet, der hører til de vanskeligste af Kierkegaards Udtryk må ses 1) rent principielt og dernæst 2) deskriptiv-psykologisk, altså efter sit psykologiske Indhold.

Forklaringen under punkt 1) løber jeg *surr* i med det samme, prøver flere gange, indtil jeg bare opgiver: der må være aspekter af SK's univers, som jeg ikke kan nærme mig, ikke endnu i al fald – og hvad så!

Som min kloge ven, præst Niels Thomsen siger: "Læs SK uden at bekymre dig om, hvad du stjæler og hvad du lader ligge".

Der bliver derfor tomt her omkring det "rent principielle" ved gentagelsen hos SK. Til gengæld guffer jeg mig glad igennem Himmelstrups 2) det psykologiske indhold – måske fordi jeg egentlig altid har opfattet tilværelsen, ja vores allesammens livsbetingelser, som en evig gentagelse. Og vi har jo alle forstand på psykologi.

Ikke som nogen automatik, hvor ting og mennesker gentager sig selv uforanderligt i al evighed efter Prædikerens "intet nyt under solen", etc. Nej, gentagelsen som en *dynamisk* tilbagevenden af det samme i ny figur, i en anden sammenhæng – som en *energifornyelse*. Som et batteri der genoplades.

Det er det, der gør livet udholdeligt. Og sætter os i stand til at *opleve* det. Giver os mod til at begynde forfra, igen og igen, trods skøre odds. Leve med smerten som de moderne resiliens-militanter siger.

Hvis udtrykket ikke var belastet, kunne man også tale om genfødelse. Hvem har ikke en dag fundet livet spirende nyt og frisk – alt i mens tingene banalt gentog sig?

SK udvider og, fornemmer jeg, understøtter mit eget synspunkt, der fra at være ikke særlig originalt får en vægtigere dimension: han giver begrebet gentagelse struktur og vitaminer.

Ham så om at tage sine eksempler fra det Gamle Testamente – man er vel ikke teologisk kandidat for ingenting. Som nu *Job* der mister alt, da Satan og Vorherre vædder om, hvor gudfrygtig han egentlig er, hvor solid hans tro er.

Job holder minsandten til tabet af hus og hjem, ja af alt, hvad han ejer på denne jord, kvæg og familie iberegnet, han holder til fornedrelsen og ydmygelsen (*sidder på Arnestedet og skraber sig med Potteskaar*), han fortvivler og undrer sig og stiller anklagende spørgsmål, han tordner mod Gud – men netop *mod Gud* og ingen anden.

Han mister i sin jammer og elende aldrig troen på, at Gud er der og altid vil være der. Også nu og for ham, trods og gennem alle lidelserne. Måske netop der.

Ud til højre med den Lede, der ikke alene taber ansigt, men bliver til et nul. Gud belønner Job ved at genindsætte ham i hans fordums rigdomme. Hvert stykke kvæg gengives ham, al hans ejendom og, ikke at forglemme, hans position i samfundet. Job har derved genfundet *mere* end han ejede før – nemlig en slags vished.

Naar indtraadte Gjentagelsen for Job? Da der var al tænkelig menneskelig Vished og Sandsynlighed for Umuligheden (…) Et begreb, der hos SK skal betyde evigt liv. Frelse siger man også.

Herren og Job have forstaaet hinanden, de ere forsonede (…) Job er velsignet og har faaet Alt dobbelt. – Det kalder man en Gjentagelse.

Jeg tænker på, at man også kunne kalde det en *gengivelse* (hvis det ikke betød noget andet).

Hyrden *Abraham* tog sin lille søn Isak, som han mirakuløst havde avlet i en høj alder, ved hånden og gik op mod offerpladsen på bjerget. Gud havde beordret ham til at ofre drengen. Da den lille spørger, hvor offerlammet er, kan Abraham kun svare, at Gud nok vil sørge for det også. Det er den slags detaljer, der gør en historie levende – om ikke ligefrem sandsynlig!

Idet han hæver armen, klar til at sænke kniven i sit barn, holder Gud den tilbage.

Abraham har vist, at han var rede til at følge Gud, selv – og navnlig – ind i det absurde, drabet på sit eget afkom. Far og søn slagter så en vædder, der kommer forbi og takker derved Gud for hans almægtige godhed mod mennesket. Væddere tæller ikke.

Abrahams frygt og bæven bliver belønnet med så megen vished, som mennesket kan tåle at få, når det angår det *Hoieste*.

Han er blevet gen-taget – som taget igen, historien glider ind i historien og er siden blevet genfortalt og skal genfortælles utallige gange. Lidt på samme måde som Moses, der fik nogle nye og finere lovtavler af Gud, da han i raseri havde smadret de første groft tilhugne oppe på bjerget, fordi det jødiske folk, som han lige havde ført ud af Egypten, dansede hovedløst omkring guldkalven nede på sletten.

En anden form for gentagelse – men alligevel: det om-igen, det handler om her.

Det er for resten påfaldende, at SK ikke nærer skygge af tvivl om, hvad de gammeltestamentlige fortællinger siger.

Ingen kildekritik her, ikke så meget som et dværgspørgsmålstegn ved teksternes sanddruelighed, alt tages for gode varer. Han argumenterer med, hvad nogle vil opfatte som skrøner, myter eller ammestuehistorier, måske bare som fortællegods fra for *6.000 Aar siden* – hvor Gud skabte verden og alt levende!

Umiddelbart tænker man på SK's strenge, pietistiske opdragelse, der ikke tillod andet end bibelfast tilegnelse af læren, og på skolen (den borgerdydelige i Klareboderne), på universitetets teologistudier og selve "tiden" naturligvis, hvor den mindste skepsis eller tvivl i forbindelse med de hellige skrifter var utænkelig – og kristendom nærmest obligatorisk.

De islandske sagaer kunne lige så godt være blevet SK's krudtkammer (visse betragter dem som skandinavernes Gamle Testamente), men det er en gammel græker, han bruger, som vi næsten kun kender gennem Platons skrifter, og hvis færden og talen SK heller ikke på nogen måde betvivler.

Det er en anden tilgang til idernes grundlag end vores, måske nok naiv og altslugende, men i grunden ikke så forfærdelig mere godtroende end vores tillid til informatikkens rygtedannelser.

Terminolog Himmelstrup falder for SK's skildring af "det psykologiske indhold" i Gjentagelsen – det gør vi også:

Haabet er en ny Klædning, stiv og stram og glimrende ... Erindringen (i græsk forstand og som hos Sokrates erindring = viden) er en aflagt Klædning (...) Gjentagelsen er en uopslidelig Klædning, der slutter fast og ømt, hverken trykker eller flagrer. Haabet er en deilig Pige (...) Erindringen er en skjøn gammel Kone (...) Gjentagelsen er en elsket Hustrue, man aldrig bliver kjed af (...)

Gjentagelsen er det daglige Brød, der mætter med Velsignelse. Naar man har omseilet Tilværelsen, da skal det vise sig, om man har Mod til at forstaae, at Livet er en Gjentagelse, og Lyst til at glæde sig til den (...) Gjentagelsen den er Virkeligheden, og Tilværelsens Alvor. Den, der vil Gjentagelsen, han er modnet i Alvor.

I teksten "Gjentagelsen, et Forsøg i den experimenterende Psychologi af Constantin Constantius" fra 1844 er emnet det uopslidelige om pigen, man lader i stikken *(En Dag udeblev han og lod aldeles Intet høre fra sig)*. Pseudonymet CC er den *tause Medvider*, den unge mands fortrolige, der forsøger at forklare ham den ulykkelige forelskelses irgange.

Den unge mand med skruplerne får så en gave: pigen bliver gift! Det letter på situationen.

Jeg er atter mig selv: (...) Er dette da ikke en Gjentagelse? Fik jeg ikke Alt dobbelt? Fik jeg ikke mig selv igjen? (...) Her er kun Aandens Gjentagelse mulig, om end den i Timeligheden aldrig bliver saa fuldkommen som i Evigheden, der er den sande Gjentagelse.

Vi klapper i hænderne over al den forstillelse og må se at komme til selveste *Forlovelsen*, hvor SK sikrer sig mesterskabet i *mauvaise foi* ... helt ærligt, en vis hyklerisk uredelighed.

Men gentagelsen, sagde du gentagelsen?

Alene ved at trække vejret, ud og ind, dag og nat – og uden at skulle tænke over det – lever mennesket under gentagelsens tegn. Allerede dér fremstår livet som en serie uafladelige bevægelser af samme art. Som bidrager til ikke blot at holde os i live, men til at komme videre i vores lille gesjæft, til at være ganske ubevidst parate til ... ja, til hvad som helst. Herunder til næste vejrtrækning. Så længe maskineriet virker.

Hvis hjertet ikke slog af sig selv, hvis lungerne ikke fyldtes og tømtes af sig selv, hvis blodet ikke uophørligt transporterede ilten og resten af de livsopretholdende stoffer rundt i alle kroppens kroge og afkroge, uden at vi behøver andet end at finde os i det, hvis vi ikke fysiologisk set var én stor gentagelse, der gentages, var der ikke mere at tale om.

Sproget ved det, visse ord bygger på gentagelsen: alle dem med re-, som *Replikation*, reproduktion, reminder, refill, reducere, replik, revolution, renovation, reaktion, revisor, reminiscens, resourcer, retur, refleksion, navnlig refleksion (eller *Reflexion*) ... eller for at tage nogle mere danske ord, der begynder med gen-, som genganger, genklang, genskær, genfortælling, genskrive, genkomst, gensyn og genfærd ... men ikke general, genere og genetik.

Men som *Gjentagelse*!

Naturen gentager sig, siger man også. Den har en cyklus, skovene gennemløber hvert år den samme udvikling, dyrene formerer sig regelmæssigt, alle planter følger stadier på plantens vej, de samme altid, oceanet svulmer og skrumper som altid, vejret, selv vejret, gentager sig alt efter sæsonerne, hele det store planetarium, om vi kun kender en brøkdel af, fungerer som et klokkeværk, slag på slag, alt levende, selv mos, færdes på jorden efter en bestemt gentagen rytme, alting kommer og går, går og kommer, lige som begæret, kærligheden og småligheden.

Spørgsmålet er hvorfor. Undtagen for SK, der kun spørger "hvorledes", idet "hvad" er uden interesse og "hvorfor" forlængst er afklaret af Skaberen. *Hvorledes* fordi det er selve processen, tilblivelsen, der betyder noget for ham, mere end årsagen eller resultatet.

For os, for mig i al fald, er det dog stadig *hvorfor*. Selv om jeg godt ved, der ikke er noget svar. At det heller ikke er nok at sige "gentagelse" – og gentage det bevidstløst. Så konstaterer vi bare begivenhederne, det sige den ikke-begivenhed, at alt går karrussel.

Tør man kalde SK's *Gjentagelse* for åndelig drøvtygning?

Jeg synes, der er noget smukt ved tanken om, at alting er foder, der skal gennem- og eftertygges, rutche op og ned mellem mund og mave for at afgive den næring, kokroppen (eller hvad det nu er) har brug for. Alle de gode ting. Når fåreflokken på 3- 400 græsser på marken ude foran vores hus, herunder en lama, kan jeg blive helt udmattet af at tænke på, hvor meget der foregår inde under krøllerne.

Men *åndelig* drøvtygning, er det ikke lige på kanten?

SK går der ikke en flis af ved at blive omtalt som drøvtygger. Det er bedre end "ordkløver" som Grundtvig sagde. Gentagelsen, der beriger, befrier, levendegør, kald det psykologi eller noget andet, den er allevegne, uundværlig og ret smuk.

Vores økologiske gejst bygger på tanken om, at tingene får et nyt liv ved genbrug. Kvindemoden lige nu er at tage brugt tøj frem, pille det lidt om og lancere det som et *must* (det ved jeg fra *New*

York Times, hvor jeg altid studerer bladets filosoferende artikel om mode).

Barnet, der vil have den samme godnathistorie hver aften, kender den ud og ind, men det skal alligevel være den og ingen anden. Ved at blive gentaget, får historien en ny side: barnet kan den udenad, men vil være sikker på også det. Lige som på far-og-mors kærlighed.

Historien gentager aldrig sig selv, hedder det – den stammer kun. Jeg holder på den stammende gentagelse, hvor formålet er at gøre den længere med mere og mere indhold. Rigere kunne vi sige.

Når vi genoplever et møde, en stemning, en følelse fra fortiden, er det ofte i en mere kompakt og nøjagtigere form, end da vi rent faktisk var til stede ved mødet, stemningen og følelsen.

Erindringen sørgede for, allerede i selve den nutid, hvor mødet fandt sted, stemningen opstod og følelsen fødtes, at lægge en version til side, som vi så senere kan gribe til – uden at behøve gøre noget for at "genopleve" mødet, stemningen og følelsen.

Nuet sad vi i virkeligheden lidt udenfor; ved at erindres om det, ved at få det fisket frem, er vi endelig i stand til at "påtage os" mødet, stemningen, følelsen, træde tingene helt nær, få fordelen ved gentagelsen.

Hvis man endelig vil, kan man tage gentagelsen som et tilbagevendende forsøg på at finde sit selv (og sig selv) – og stå ved det.

Men så er man jo næsten blevet filosof.

9 Skurken og jomfruen

Logikken fejler ikke noget (det manglede også bare): Jeg elsker dig så højt, at jeg må forlade dig, jeg bryder hermed vores forlovelse.

Vi uddyber: Eftersom jeg for alt i verden ikke vil gøre dig ondt, og eftersom jeg er kommet til vished om, at jeg ikke egner mig til at være gift, er det bedst, vi aflyser det hele nu. Vid til evig tid, min kære pige, at det er af kærlighed til dig, jeg handler således – derom bør du aldrig tvivle.

Det hænger sammen – på et vist plan.

SK forelskede sig lidenskabeligt i Regine Olsen, 17 år og skønjomfru. Da han får tænkt sig om, og da det dengang var utænkeligt bare at hoppe i kanen og tage følgerne bagefter, står det ham klart, at et liv som familiefar ikke er lige ham.

De højere magter har bestemt ham for åndelige sysler – hvor der ikke er plads til et almindeligt hjemmeliv med servietring og syltetøjsmadder. For ikke at tale om bleer. Han har ikke tid til at være ægtemand.

Men man kan da altid lade et pseudonym prise ægtestanden! Drømmen bevares, forelskelsen varer ved; det kan der skrives om – og på.

Han forsøger først at få Regine til at væmmes så meget ved ham, at *hun* vælger at bryde forlovelsen (som Johannes i *Forførerens Dagbog*). Da det ikke lykkes, returnerer han forlovelsesringen. Slut og kaput.

Men igen, hvis vi forlader os på SK's udredninger, vil den brudte forlovelse bestandigt vidne om, at den store, brændende, asketiske kærlighed, de har oplevet lidt af sammen, vil han nu gå videre med i sin tilværelse – som en skjult skat, uskatterlig til evig tid.

Hun vil aldrig blive glemt. Heller ikke – eller måske især ikke – af *Historien*. Det er her, den i sig selv banale historie kammer over.

SK skulle måske have ransaget sin bestemmelse i livet, sin kaldelse til religiøs omgang, noget før, han skulle måske have afholdt sig fra at (for)love frøken Olsen det ene og det andet, han skulle ... ja, sådan er der så meget.

Men han var ung og uerfaren, selv om han flere steder praler af, at han sagtens kan imponere damerne (*Pigerne*), og har blik for dem med noget i bluselivet: *men saare sjelden ser man en Pige, der virkelig har Barm.*

At friste en Pige, at gjøre indtryk paa hende, det formaaer jeg, det har jeg gjort kun alt for meget (...) Lige så meget som jeg føler, at jeg er en ualmld Erotiker, ligesaa godt veed jeg, at jeg er en slet Ægtemand ...

En elsker af Guds nåde!

Han er også af sin tid (hvad ellers?).

Kvindesynet, som vi nu siger, var dengang maskulint og kun maskulint. I al fald det, man hørte eller læste om. *I dybere Forstand bliver hun (Qvinden) først fri ved Manden, og derfor hedder det: at frie og derfor frier Manden).*

Den havde man måske ikke lige tænkt over!

Men nu det med *Historien*, det afgørende i vores forbindelse: SK tillægger den hævede forlovelse en overordentlig og varig betydning.

Dels var det på grund af Regine, at han begyndte at skrive (*af Sorg over at maatte gjøre hende ulykkelig blev jeg Forfatter*) – jævnfør "uforløst kærlighed driver al kunst"; dels kan forløbet opfattes som en nøgle til SK's sind og tankebaner; symboltolkningen har ikke fyldt for lidt gennem tiderne, historien skulle give et uvurderligt indblik i forholdet mellem kødeligt og åndeligt hos SK – mellem menneskeligt og guddommeligt.

Foruden (vover jeg) et indblik i hans åbenbare mangel på virkelig interesse for den kvinde, han påstår at elske. SK er måske hverken Don Juan eller Johannes Forføreren (*en reflekteret Don Juan)*, men udfaldet af hans trippende togt ind i elskovsjunglen er det samme: forkastelsen af "det erobrede".

Sartres formodning om en seksuel anomali ikke at forglemme! Der i sig selv (hvad den end bestod i) kunne få enhver mand til at bakke ud, før det blev alvor i soveværelset.

Regine skal så trøste sig ved at gå ved hans side i Evigheden, selv om hun forinden blev gift med *den brave og fortræffelige Johan Frederik Schlegel* og derved, foreløbig, blev denne mands ejendom!

I første omgang til SK's uendelige lettelse, ja befrielse – og vil hun ikke forliges med ham, tale tingene igennem, finde (og give) ro, så kan det også være det samme.

Han lukker Regine inde i sine tankebaner, hvor hun er uskadeliggjort og i grunden blot skal blive ved med at give rollen som trubadurforgudelsens gennemsigtige genstand – kaldet *Qvinden*.

Selvfølgelig har han været en *Skurk*, som hans selv skriver, men *Navnkundighedens og den historiske Betydnings Høitidsdragt* ligger klar til efter hendes død.

I dette Liv vil hun tilhøre Dem, skriver SK til Schlegel, *i Historien vil hun gaa ved min Side;* idet han tilføjer et nederdrægtigt *i Evigheden vil det jo ikke kunne forstyrre Dem, at hun ogsaa elsker mig".*

Det kan vist kun betegnes som tølperagtigt. Selv om jeg godt ved, at den bedømmelse falder et par århundreder efter begivenhederne!

En tungsindig SK udtrykker sig i et brev til vennen Emil Boesen, og i en anden sammenhæng: *Min Tale (...) er uomskaaren, uevangelisk, natlig-hæs som et Maageskrig eller hendøende, som Velsignelsen paa den Stummes Læber.*

I flere brevkladder efter bruddet – og meddelelsen om hendes giftermål – begynder der at dukke perfide anklager op : *Din Skyld er, at Du Intet kunde eller vilde forstaae.*

Det var således Regines *noget hensynsløse Fortvivlelse,* der tvang ham til *at bruge Grusomhed (...) Tak.*

At sende hende en flakon liljevand er betænksomt, men dertil et lommetørklæde til at tørre tårerne med, det er måske at *overskride en vis Grændse* (hvad han bebrejder hende for i et andet brev).

Som SK's brevmedlæsere ved, ender han efter en halv snes udkast med at sende et brev til hr. Schlegel indeholdende en kuvert med et brev til fru Schegel – som han imidlertid får tilbage: *Jeg modtog en moraliserende Indignations-Skrivelse fra Hoiestærede, og Brevet til hende uaabnet tilbage.*

Ingen tvivl om, at SK her ramte sig selv ubodeligt. Det fremgår da også af hans testamentariske bestemmelse om, at *efter min Død skulde Skrifterne dediceres hende og min afdøde Fader.* En måde at få Regine lempet over i Historien på. Ved hans side.

Det sjove ved sjoveriet er, at han jo får ret! Regine *har* sin plads i Historien, hun *blev* en udødelig skikkelse! Vi taler stadig om den unge pige 180 år senere – som nu her!

SK var sig sit eget værd bevidst, han beskrev flere gange sin betydning for tænkningens verden – og den brudte forlovelse hørte til det tidssprængende ved hans *marquerede Personlighed.*

Men kærlighed og religion kunne ikke rummes under én hat for SK – og dermed heller ikke for Regine Olsen, der var så uheldig at rende ind i et filosofisk-religiøst stormvejr på to ben. I lilleby København var skandalen til at tage og føle på – og det var ham, der stod med skammen. Hun var den kasserede jomfru, ydmyget men skyldfri.

Man er lige ved at kunne lægge den kæntrede forlovelse ind

under begrebet "indirekte meddelelse". For hvad kunne en over-tænksom herre som SK gøre andet på det felt end at bygge luftka-steller, forlede og fortabe sig selv og pigen i labyrintiske snirkler...
for så i sidste ende at se klart, skride til handling og stikke sig selv
og efterverden en logisk, men følelsesmæssigt halt og selvpinerisk
forklaring.

*Hun har faaet en Magt over mig ved mig, som hun selv aldrig
havde faaet (...) kan hun hade mig, nu vel, saa er hun frelst, mskligt
talt (...) Jeg er vant til at herske over mine Følelser og de skal for-
stumme.*

Alt i alt er sagen indlysende: *Kjærlighedens Seier i et Menneske,
i hvilken Aanden har seiret saaledes, at det Seksuelle er glemt og
kun erindret i Glemsel (...) Naar dette er sket, da er Sandseligheden
(som Qvinden har mest af) forklaret i Aand og Angesten udjaget.*

Det sidste er dog langt fra sikkert.

SK tegner en dag sig selv på Knippelsbro med kikkerten rettet
mod Trekroner og skriver til Regine: *Jeg er kun Din (...) Din for
evig* – men han glemmer at underskrive brevet!

Hun er ham både nær og fjern.

I alt, hvad SK skriver, skal kærlighed være den røde tråd. Men for
ham er kærligheden ikke alene uoverskuelig, den er også nul og
nix, et æstetisk tidsfordriv, et rusmiddel, hvis den ikke afføder,
eller omsættes i handling eller *gerninger*.

Det er ikke nok at elske, hvad det så betyder, man skal også (be)
vise det. Hvad der genklinger i moderne sjæleforskeres udsagn
om, at kærligheden i sig selv slet ikke findes, kun den *gjorte kær-
lighed*, den konkretiserede, akten og akterne.

For ikke ligefrem med den franske romanforfatter Romain Gary
at karakterisere kærlighed som et udtryk for en *livlig fantasi* – men
han måtte også skrive under pseudonymet Emile Ajar for bare at
holde tanken ud!

Er det ubehøvlet eller bare hovedløst, hvis man siger, at den barnløse og ugifte SK vidste lige så meget om kærlighed mellem to mennesker og praktiseringen af samme i familielivet som i vore dage paven og hans kjoleklædte slæng af ungkarle?

Vogt Dig for de lange kjoler, skrev SK for resten en dag – hans egen usynlige var lige så fodsid. Han havde protestantismens præstekjoler i tankerne og ikke Roms; dog måske også advokatkjoler af samme farve – men uden pibekrave og uden vertikal forbindelse.

Selvfølgelig var han selv præst, den fødte prædikant, ind til marven – selv om han var "uden myndighed", det vil sige uden ordination og embede. Han *talede* af og til i kirkerne, og hele hans opbyggelige forfatterskab er præstegerning, så det synger.

Han bekæmpede ganske vist den officielle kirke de sidste år, han ålede "kristenheden" som han kaldte den alment vedtagne, officielle kristendom og dens repræsentanter, "menneskeæderne" (menedere); men med eller uden kjole var det stedse kristenkærlighed, han ønskede at meddele.

For en "erotisk betragter" som SK er kærlighed mellem mennesker som udgangspunkt en gave fra Gud. For at kunne befæste sig i sjælene, blive livsvarig, må den udfoldes inden for rammerne af "den mest radikale af kærlighedens skikkelser, Næstekærligheden" (Pia Søltoft).

Hvad så grundtvigske hoveder i vore dage tænker om SK's mangel på en næste med deraf følgende kulde og ukristelighed!

Her er der for resten virkelig tale om gentagelse: Guds kærlighed gentages blandt mennesker og bredes ud til alle – hvor enhvers næste går spillevende rundt.

Således vil den "første kærlighed" på en måde altid være den sidste. Både i den betydning, at kærligheden som altings og tilværelsens endelige sigte i følge SK er blevet os indgydt af Skaberen, og fordi den ægte og dybfølte kærlighed skal binde to mennesker sammen til deres dages ende.

Først og sidst var derfor ... kærlighed.

Hvis de to bliver gift – og det skal de jo, når kærligheden er livets dynamik – vil forelskelsen fra begyndelsen blive bevaret i den ægteskabelige kærlighed. Lige til, var jeg ved at sige, den bitre ende!

Det er store mundfulde at sluge, når vi skriver 2020. Også for mig, hvis "tid" lå i 1960'erne og 70'erne, da min menneskelige oplæring foregik. Hvad i alverden kan en håbløs forlovelse omkring 1840 og dens senere skæbne som filosofisk trøsteklud fortælle én nu?

Jeg ville sommetider ønske, at min kone tog en elsker. Og at det var mig.

Alt for tit "går vi i denne verden på helvedes tag og ser ned på blomsterne" – for at sige det med et japansk digt fra gamle dage. Alt for tit, glemmer vi at lade den anden få kærligheden at føle!

Hvis tågebankerne efter de tyve, rustrøde bind en dag letter, vil jeg se at få gjort noget ved det.

I en tidlig "anmeldelse" af H.C. Andersens "Kun en Spillemand" nævner SK *Andersens lyriske Selvfortabelse*. Hovedpersonen Christian, spillemanden, udtaler sig i *stortalende Drømmerier*, når han er sammen med den beskedne Luzie, mens han overfor den *stolte og poetiske Naomi*, som er den egentlige genstand for hans kærlighed, *teer sig ængsteligt* – ikke fordi, hun er ham åndeligt overlegen, men fordi hun er *den fornemme Dame*.

Bag skildringen af eventyrdigterens problem fornemmer man SK's egen skræk for kvinder. De mere beskedne af dem skal have noget at drømme på, de fine og kloge kræver ærefrygt. Navnlig frygt.

I vores gennemseksualiserede hverdag, hvor "frigørelsen" fra 68 har udviklet sig til et følelseskoldt kødmarked, hvor "alt er sex, undtagen sex, der handler om magt" (Oscar Wilde), en uskøn massetrældom med hardcore dating på de (a)sociale medier, er der langt til SK's formummede kærlighedsbegreb, det i mennesket af himlen nedlagte.

Vi kan egentlig slet ikke forstå ham. Navnlig ikke på baggrund af hans håndtering af den ulyksalige forlovelse. (*Som Fisken, naar den ligger og gisper på Strandbredden, forgjeves gisper efter Havet, hvor den kan aande, saaledes gisper jeg forgjeves efter Meningen*).

SK er mere alvorlig om emnet – men det gjorde det bare ondere for Regine Olsen. Hun blev en skæbneperson for ham. Det var i den egenskab, han havde brug for hende – og brugte hende.

Hvilken betydning har det så, hvad en læser i dag mener om SK's syn på kærligheden? Ingen. Kan den læser i det hele taget sætte sig ind i den form for paradoksal kærlighed, vi får beskrevet:

Naar to Mennesker forelske sig i hinanden, og ahne, at de ere bestemte for hinanden, da gjelder det om at have Mod til at bryde af, thi ved at vedblive er kun Alt at tabe, Intet at vinde. Dette synes et Paradox og er det ogsaa for Følelsen, ikke for Forstanden.

Kan vi i dag overhovedet tage stilling til teoretiserende guldalderromantik? Til en livsvarig anekdote, et åndepust, der gik over i Historien? Nærmer man sig SK ved at forsøge?

Det er spørgsmålet.

Men hvortil hele spekulationen?

10 Hvad ordene ved

Ordene ved noget om os, som vi ikke ved om dem (René Char).

Lægger vi hertil, hvad Paul Auster siger om sig selv som den skrivende, forplumres billedet naturligvis – som det også gerne skal!

I anden halvdel af Austers bog (*The Book of Memory*) er forfatteren blevet til A:

He must just make himself absent in order to find himself (s.165).

Og endelig, får at få målet fuldt og for egen regning, en så hemmelighedsfuld mand som pseudonymet for Louis Poirier (Ludvig Pæretræ), nemlig *Julien Gracq*, der skriver sine bøger *for at finde ud af, hvad der står i dem.*

Hvis jeg trænger til at udvide min bevidsthed, læser jeg en bog, hører radio eller spiser nogle radiser.

De to første parader vil forekomme alle indlysende og skal derfor ikke forklares nærmere, men det med radiserne er måske mindre gennemskueligt : tænk så på, at de gror under jorden – ved at spise dem kommer jeg en tur derned, det vil sige ned i det, der ellers er usynligt, det moderlige, livgivende, kort sagt alle forudsætningerne. Tilmed er de rød-hvide og spises med salt – jordens selvfølgelig!

Det kan man næsten kun blive lidt større af.

Men derfra og til at møve sig ind på Søren Aabye Kierkegaard, uopfordret, usikker, uvorn og på flere måder uegnet, viser kun, hvor langt man egentlig kan komme ud: give sig i tænkningens vold i det forfængelige håb at finde nogle smuler til at stive en eksistens af – hen mod dens yderste væren.

Hvad er det da, som ordene ved om os? Og vi ikke om dem?

Skal vi virkelig tage alvorligt, at nogle *ord*, sammensat af de allemandsejede 29 latinske bogstaver, som vi sidder og nørkler med og ordner på en skærm, skal vi tro på, at nogle kendte, slidte, allestedsværende og åbent tilgængelige ord har deres eget liv, deres viden og virke, og at de, når de først er sluppet ud af hovedet på os, derpå opfører sig som de vil, herunder indvilliger eller ej i at fragte vores tanker videre – og i det mindste lade som om, de er helt overens med vores intellektuelle sigte?

Skal vi hoppe på limpinden som en bogfinke, skal vi virkelig gå ud fra, at ordene, *vores* ord, er bevidste størrelser, at de ligefrem *ved* noget om os – noget mere og andet, end vi selv ved, både om os og om dem, ordene altså (som vi mener er vores)?

Det er til at blive tummelumsk af.

For så kommer vi også til at spørge, hvad SK's ord egentlig ved om ham! Det mindste, man kan sige, er, at der er mange af dem! Han skrev sig ihjel, det tror jeg da. Stå og skrive hele og halve nætter, det ender nødvendigvis galt. Gåsepennen skrattede – og det gjorde hele organismen efterhånden også.

De kaldte det tuberkulose, for hvordan skulle en midaldrende, formuende mand, der ikke gjorde dagens gerning og brugte sin tid på at spadsere frem og tilbage i byen, alene eller i behageligt, konverserende selskab, eller gå ture på Volden og svinge med hatten til højre og venstre (og se efter Regine), på at blive rendt efter af hujende gadedrenge, blive karikeret i "Corsaren", indlade sig i samtaler med kendte og ukendte, observere gamle koner og den almindelige mand, dikke spædbørn i barnevogne, aflægge visitter i borgerskabet, gå på teatret og konditoriet eller leje charabanc'er og køre de nordsjællandske skove og bakkedrag tynde, for ikke at tale om kysterne med deres stråtække fiskerlejer, hvordan skulle en sådan herre ellers kunne blive så træt, at han en dag falder om på gaden og aldrig slipper levende fra det kongelige frederikske hospital i Bredgade, hvor han blev indskrevet som patient nr. 2067?

Det er måske, hvad ordene ved om ham? At han var bidt af dem, at han ikke kunne slippe dem (eller de ham), før de havde gelejdet ham gennem natten, ud på de vilde vover, sågar til Berlin, rundt om hjørnet i Rosenborggade eller om springvandet på Gl. Torv, ind og ud ad den tyske filosofis dunkle korridorer, halvdøre og faldlemme, ned på papirlapper, større ark, ind i hæfter, hen hos Reitzel, hos korrekturlæseren, i trykkeriet og bogbinderiet for endelig at blive grebet af ivrige hænder, der kun lige fik tørret monoklen ren ved den buldrende kakkelovn.

Ordene fra hans ånd og hånd, der endte med at blive lukket ind i de tyve bind og stå i alle årene som sild i en tønde, ulæste, afventende – skæbnesvangre. Tålmodige ord fra en utålmodig mand, som jeg i det mindste og yderst beæret deler noget dansk med her i min sydfranske afkrog.

Men nu jeg tænker over det, hvor dansk kan man egentlig sige, SK var? På en vis måde er manden jo noget af det udanskeste, man kan forestille sig: enspænder, elitær, stivnakke, alt andet end gemytlig, lidet folkelig – i grunden ret hoven!

Måske navnlig en tragisk skikkelse.

Hvis det skal være særlig dansk at skille sig ud og være klogere end de fleste (også før Janteloven, der ret beset er norsk), vel, så er SK vores værdige repræsentant udi danskhed – men af den slags, som ingen kan eller vil påberåbe sig; alene af frygt for at virke *ridicul!*

Mine og mange andres SK "genklange", om ikke andet så i vendinger, emnekredsning, ja, i selve troen på, at det skrevne før eller siden trænger igennem, måske stiver nogle af, det bliver til en pæl i kødet for andre. Men det ender med, at vi får oprettet en tålelig omgang med de forbandede ord og deres strålende rige … for et sted bag hegnet deler vi meget mere med "vores berømte landsmand", end man skulle tro.

I en bog (tre bind) med titlen "Anslag", forfattet af en fyr, der uvist hvorfor pynter sig med mit navn, finder jeg følgende:

Hvad er et mislykket liv? *Muligvis det, hvor man ikke holdt ved sine inderste drømme, lod sig aflede fra en sikkert snørklet, men personlig vej, lod sig rive med af sine ambitioner eller af fornuften, af det passende, det sikre, det kendte, det mulige. Hvor man afstod fra at være sig selv. At have forspildt livet skulle så betyde, at man spillede komedie, mere eller mindre overbevisende. Man påtog sig en rolle, en måske ligefrem sympatisk eller socialt acceptabel, men stadigvæk en rolle, man var en anden, fremviste kun sit overjeg, var en jeton i samfundsspillet.*

Havde man valget? Selvfølgelig. Havde man modet? Nej (eller kun sjældent). Hvad blev følgerne?

Som en, der har levet et langt liv, der desværre ikke altid var mit (...), kan jeg mærke en indre tomhed. Min skygge, som jeg i begyndelsen trak efter mig som en tålelig kontravægt, tager efterhånden al pladsen, ja, den er blevet til selve personen, mit sande jeg, den ansvarlige. Jeg er, som man siger, blevet en skygge af mig selv.

Skulle man gå sine beslutninger efter (dem, man tog og dem, man udsatte), en for en, og spørge sig selv, hvad der var sket, hvis man havde gjort et andet valg, skulle man undres på, om den eller den begivenhed kunne have været usket eller tvært i mod burde have været fremhævet – idet man udelukkende tager hensyn til, hvilken genlyd svaret giver i sjælen. Skulle man nu det?

Ved at gøre det ene frem for det andet, ved at sig nej til dit eller dat, ved at skubbe en fristelse fra sig, undgå at love for meget, ved at elske, når man gjorde det eller gøre det, når man ikke elskede, ved at småsnyde, gøre sig latterlig, forråde, pynte på tingene, lege forføreren, den intellektuelle, ved at hykle far, ved at styre sig (som mennesket skal ifølge Camus' far) og nøjes med at være oprejst, hverken slap eller triumferende. Ville det have ændret noget? Ja, alting.

Således betragtet blev den ordinære komedie til det ydre liv, der skjulte det indre, i sig selv et stykke livskunst! Den perfekte sociale

*konvention. At forspilde eller "gå ved siden af" livet vil så være nor-
men, eller for at sige det med Huxley, en måde at være "naturligt
unaturlig" på. Og ellers må man leve livet på toppen af en søjle i en
ørken. Det er op til enhver.*

*Fortryde? Det ville være rent tidsspilde; desuden er vores anger
næsten altid falsk, undertiden af blufærdighed, undertiden af kold
beregning. Man kan alligevel aldrig gøre noget godt igen, tiden lader
sig ikke skrue tilbage. Den udvisker ingenting. Kendsgerningerne er
hvad de er; historien sørger for at knuse os.*

Vil nogen ved nærlæsning af det stykke, der stammer fra no-
vember 2015 nu påstå, at SK ikke huserer selv i hoveder, der holder
sig fra ham?

Jo, ordene vidste allerede, hvad den skrivende slet ikke kunne
gøre sig klart – lige som de nok vidste, hvor det førte hen. Nemlig
til stedet her!

Det kan virke falsk eller bevidst indsmigrende at give "folke-
munde" ret. Men det har den nu tit. Om ord hedder det, at "det
kommer an på, hvad man lægger i dem". Som var de kasser eller
kartoner til forsendelse.

Er det da ikke rigtigt? Problemet er bare, at hvis afsenderen skal
oplyse (overfor censuren som SK måtte), hvad der er i kasserne og
kartonerne, kan han kun gøre det med ord! Andre ord velsagtens,
kortere, umiddelbart beskrivende – og ikke indirekte – *kort og
spidst*, så at sige. Men altså ord, tilmed også hans – i en vis forstand.

Det er så, hvad vi har i dag. I SK's tilfælde er vi så heldige, at han
på et tidspunkt kommenterer og forklarer meningen med sit for-
fatterskab, både sit eget og sine litterære husslavers. Uden at det
overalt gør os forvissede om at have opfattet alt rigtigt!

Hans ord om sine ord hæver egentlig ikke mystikken: hvad ved
hans ord om ham, som han ikke ved om dem?

Med andre ord, det eneste, SK ved, er at han ikke ved noget –
derfor heller ikke om sine (mange) ords indre liv.

Hvis Mozart nogensinde blev mig begribelig, da ville han først blive mig fuldkommen ubegribelig, skriver han et sted.

Dertil kommer, at ord (lige som deres modstykke, musik) lever – og sommetider overlever!

Straks da de er blevet brugt af en skrivende person på et bestemt tidspunkt, her omkring 1840-50, er de danske ord, isprængt en del tysk, græsk og latin, en smule fransk, blevet optaget af en sluttet kreds af læsere på deres måde, den gængse for samtiden – foruden *hiin Enkeltes* mere personlige.

Men derefter stod de ord der, de blev læst og genlæst af nye generationer, der sommetider lagde noget andet i dem. Lidt mere eller lidt mindre, bare fordi de levede senere, i en ny tid, hvor ordene, også kaldet det danske sprog, havde andet for, luskede sig til nye betydninger, antog forskellige nuancer eller ligefrem ord fra andre sprog, kort sagt kom til at betyde om ikke noget helt andet, så kun noget lignende.

De fleste forfattere kender det: pludselig æder tvivlen sig frem som en silkeorm på et morbærblad, de ord, man sidder og skriver, står og stritter med en anden betydning, end den, man var ude efter, eller de viser sig ved nærmere eftersyn (måske højtlæsning) at være fulde af modhager, spidse, modbydelige modhager, der blokerer for al videre trafik.

Den skrivendes forsvarsmanøvre består i enten at lade falde, hvad der ikke kan stå, eller lade som ingenting og bare gå videre, hvis han/hun da ikke tager ordene alvorligt og hører efter, hvad de har at sige: når SK siger *Gjentagelse,* så mener han gentagelse – bare på sin måde, altså hans ords måde.

Sådan er betingelserne: at læse ham kræver, at man lytter til hans ord, velvidende, at de siden da har snoet sig frem og tilbage, at de vogter nidkært på deres viden, dels for at gøre SK ikke uden videre tilgængelig i dag, dels for at være sikre på at bevare de tanker, han tumlede med, som ufordærvede, oprindelige, autentiske!

Det er et fuldtonende *aut/aut* … . et enten eller.

Nu var det ganske vist en lærd digter, René Char i mit nærliggende *Isle-sur-la Sorgue*, der sagde det om ordenes viden, en mand, der sad det meste af sit liv og stirrede på vandløbene i sit provencalske fladland (når han ikke deltog i surrealisternes parisiske caféballade i tyverne eller stod i spidsen for den lokale modstandsbevægelse i 1940-44) – og man ved jo aldrig med poeter. De finder på så meget – og i deres ordbutik, skal man være forberedt på lidt af hvert.

Det er også Char, der endevender Rimbaud for os, det vil sige forsøger at afsløre, hvad hans ord så vidste om den geniale, overspændte digter og provinsrod på under tyve, der pludselig holdt op med at skrive, traskede Europa tynd (han kom gennem København), blev våbenhandler i Aden og endte ædt op af kræft i knæet på et hospital i Marseille.

(koldbranden er det eneste fælles, som vores gamle nabo i Puyvert havde med Rimbaud; på sit sygeleje fremviste Raoul stolt de sørgelige rester af sin sortladne fod, som skyldtes en ubehandlet betændelse, der endte med at æde sig ind på hele kroppen, så han kom i familiegraven oven på sin mor ... lige ved siden af Albert Camus, på kirkegården i Lourmarin)

”– ingen orden uden kaos” (Yahya Hassan).

Det kan sagtens ligne faneflugt det her, åndelig eskapisme, jeg ved det. Nu aner manden ikke, hvad han skal sige om (til) SK. Det kan han så altid plapre løs om, skvætte med løse ord om ord. Gid det var så vel!

Sandheden er, at det, der kommer og skal komme, tynger så meget, forekommer så uoverstigeligt, at jeg her gør alt for ikke at nå frem til det. Men det skal jeg.

Hvis der da skal være nogen mening med det hele.

11 Angstens vejkryds

Der har vi den så. Angsten i mig, ved mig. Min angst. Jeg, angsten. Angsten som mig.

Angsten forankret i mit legeme, min ånd og min sjæl. Medfødt og almenmenneskelig. Min andel af menneskehedens indbyggede, uafvendelige grundudstyr .

Alt liv, men navnlig livet, ligger siden tidernes morgen svøbt i angst.

Angsten, ikke *for* noget, eller i så fald for angsten eller for *intet*, det vil sige for alt det allerede værende og alt det kommende, det der lurer forude – og derinde.

Men også angsten for at skulle leve op til at være et frit menneske – blive sig selv, som det hedder.

Det er jo hundesvært og så belastende, især på grund af ansvaret – det som man selv og ingen anden skal påtage sig. Ansvaret for at alting skal gå godt, få indhold og varighed, en vis bonitet, og ikke bare brase sammen over hovedet på én; eller henleves uberørt, af lutter vane.

Den angst skal efter SK tilskrives *Skyld*. Den menneskeligt nedarvede skyld (eller gæld), der stammer fra begyndelsernes begyndelse, fra historiens første ulydige mennesker, der brød Guds forbud og fortærede deres uskyld, så den fra et rødt æble blev en ufordøjelig viden om det at være menneske. En uafrystelig selvbevidsthed. Faldet.

Den skyld eller *Synden* gik videre som en kainsmærket arv til os alle: vi kan ikke vride os fra den, ikke benægte den, ikke glemme den – kun ignorere den, se til den anden side.

Men så ser vi også bort fra os selv, vender blikket udad i stedet for indad, mod de vigende horisonter, den muntre glemsomhed, mod det "æstetiske" – et indbildt (og indbildsk) liv.

Vi flagrer blot.

Som menneske-individer har vi noget ved os, der konstituerer os og samtidig skræmmer livet, ikke af os, men *til* os. Angsten – og bevidstheden om den – er det, der gør mennesker af os. Eller muligheden for at blive til mennesker, hvis vi ikke skal tage munden for fuld. Angst som fangst!

Samtidig med, at angsten ikke kan fjernes, kan den nemlig heller ikke undværes.

Vi skal leve med den, ja et menneskes liv *er* at udrulle sig i og fra angsten. Vi skal se den i øjnene. Men også *trodse* den, sætte os op mod den, det vil sige slås med os selv. Det er vejen, den eneste og svære. Først da kan vi træde i *eksistens*, være andet og mere end dyr eller planter.

Angsten og mennesket hænger sammen i en uoverstigelig modsætning, på livets kampplads foregår opgøret, for enhver, for os alle. Inde i os allesammen. Eller *indvortes*, som han siger.

Livet kan gå med det, hele livet. Først til sidst vedgår vi angsten, den satans følgesvend, først til allersidst vil vi, og kan vi, bevidst "gøre noget ved den". Finde modgiften. Ane freden, i bedste fald.

Angsten således begrebet er ikke til fals. Vi kunne ikke være menneske uden den angst – det findes ikke. Blot er det hverken en sygdom, selv ikke til døden (altså til livet) eller en misvækst, en hæmsko, noget anormalt; snarere en udfordring, et udspil, noget, vi skal tage stilling til. En dynamik. Tikkeren der gør bomben.

En usynlig sparringpartner, der forlader ringen sammen med os. Svedende, gennembanket – og opløftet.

Ved at erkende angsten indgår vi i et dialektisk opgør, der foregår i vores eget sind, dybest nede, ved roden. Min angst skal møde modstand, ikke kues, men forstås, inddæmmes og bestemmes som *drivkraften* i min tilværelse.

Hvis det lykkes mig i årenes løb, har jeg vundet frihed til at vælge resten af vejen. Det kommer vi til, det vil sige *Troens Vovestykke*. Eller *Springet*, som han kalder det.

Hvilket ikke betyder, at de ikke-springende, materialisterne, tvivlerne (med eller uden tvivlsbekendelse) og de ligeglade, alle dem, der vil se hans angstbegreb som selvpinerens ækle ideologi – og måske selv mener at leve livet uden angst – uden videre kan affejes.

Nogle finder angsten lammende, uden bevægelse – den er modliv. Hvortil kan svares: kun hvis man ikke selv bevæger sig ind i den, hen mod den, tager den på sig og gør angsten til en medspiller.

Men hvad enten vi tager angsten alvorligt og møder udfordringen efter spillets regler (som for SK er den evige strid i retning af evigheden), eller vi som freudianerne taler om neurasteni og angstneuroser, tunge sindets knuder, som en psykoanalyse kan helbrede eller dæmpe til noget tåleligt, hvad enten vi kalder angsten for depression, stress, bi-polaritet eller skizofreni og bekæmper den pharmakonisk eller med narko, alkohol eller bare med hyperaktive dage, med "samtale", er angsten for SK til stede som enhvers lod.

Uden angst, intet liv – og omvendt.

Således vil mit liv under alle omstændigheder have været syltet ind i angst, den fundamentale, paradoksalt livgivende angst. Der fra bremseklods kan ende som pilen fra den sitrende buestreng.

Mit liv med angsten ender, må håbes, med et ansigt-til-ansigt møde mellem den og mig, der endelig sætter mig over for mit sande jeg. Lader mig ane – og heles.

Angsten som en medskygge, rodsaften, forlægget tilbage i historien, arret, byrden og befrugtningen. Eksistentiel i hver mands og hver kvindes åndelige udstyr. Kald den mental brist eller tjekket tankesæt, indlevelsesevne, livskilde, energi, drivmiddel. Sandheden eller betingelsen.

Det er sådan, jeg har læst SK's tanker om *Angesten*. Det er muligvis helt ved siden af, enøjet fattet, firkantet fremstillet – men altså det, der tog plads i mig, og som alene derfor bliver berettiget her.

Hvis han mente noget andet, er der ikke noget at gøre ved det. Det er for sent. Jeg har bare ikke været i stand til at forstå ham.

Jeg skriver det her lige ud af hovedet, lige på og hårdt, det om *angsten* – med al den bagvedliggende læsning i fri dressur, galopperende gennem baghovedet. Ængstelig for at fejle, selvfølgelig. Men nu føles banen ryddet. I min egenskab af "hiin (tilfældige) Enkelte" har angsten som ovenfor beskrevet lejret sig i hovedet – og det skulle ud, lige nu.

For jeg kan i grunden ikke komme mig over, at noget så ondt og nedbrydende som angst kan være en nødvendighed, ja en uundværlig del af mit indre, og alligevel skal anfægtes, for ikke at sige mødes med brask og bram – for at der i sidste ende kan anes en mulighed for at tage angsten i hoved og røv og derved endelig blive mit hele og sande jeg.

Hvad det så end betyder – og hvad man egentlig skal med det. Det er jo nærmest utroligt.

Oven på den klamamse for løst styretøj kan vi så forsøge at se problemet fra en anden side: folk i almindelighed, og ikke kun i vores tid, er ustandselig *bange* for et eller andet, for ikke at sige bange for "det altsammen". Bange i almindelighed – altid ængstelige.

Lige nu er det mest jordens udpining, globaliseringen, vold og terrorisme plus andre sager på verdensplanet og derfor lige om hjørnet, der martrer os.

Eller hvad med den gensidige afskrækkelse fra den kolde krigs tid, *terrorbalancen* (et ord, der i sig selv burde få os til at ryste af skræk), som vi nu har levet med i trekvart århundrede, og som lige så længe har lagt en grundtone i det moderne menneske og samfund. Vi går rundt og er bange for det store brag. Vi forsøger at glemme det, men truslen er der – og den er reel – ellers virkede den ikke. Kald det systemisk angst.

Svampeknolden ude i horisonten.

På det private plan er der skilsmisse, sygdom, arbejdsløshed og naboens hund, der hyler panisk den halve nat. Eller morderisk trafik, dårlige karakterer, bumser og irritation over at være irriteret. Dårlig mave og stress, vrede og agressivitet er den løbende oversættelse af vores vedvarende frygt for alt og intet.

Det er "angstens nye ansigter"(Cecilie Lind). Som kollegaen Peter Laugesen kaster sideblik på, når han taler om digteren som "en flygtning fra et sted, der endnu ikke findes". Foruroligende, den slags.

Foruden lige nu covid i lange baner, selvsagt. Smittefare for hvert skridt, hvert knus, blokeret vejrtrækning forude, motorlunge, kanyler, fravær. Kvælning. Kroppe i hospitalssenge bliver vendt og drejet som sandsække. Bind for mund og sind.

Her tilmed som anslag til det hele, til resten af kaos. Sammenbrud, vejsving og ny begyndelse.

Den universelle og den individuelle hverdags forskellige frygtkilder er mere end nok til at gøre os småtossede af rædsel – men det værste er, at de samtidig graver i selve *angsten*, i urmulden, får den op til overfladen, hvor den gør livet endnu tungere for os. Navnlig mere ubegribeligt.

Derfor render vi til de hvidkitlede livreddere, mediterer eller bliver veganere, et eller andet i den stil skal ende med at hejse os op fra den mørke kælder, ende med at gøre tilværelsen mindre stram og snæver, mere lovende, forsonet med forsoningen.

Træk selv vejret, mens du endnu kan. Ind og ud, ind og ud, ind og ud.

I grunden er vi ikke alene født med den angst, men født *i* den: når det indre moderhav er skyllet ud, og vi begynder glideturen ud gennem en snæver kanal, hvor vores endnu bruskede hovedskal klemmes sammen og vi alene af den grund skriger (og mor skriger), er der al mulig grund til at være *dødsensangste*.

Måske er det lige der, at den fysiologiske angst omdannes til den eksistentielle.

Når vi begynder at få spiren til eksistens, så småningom. Når vi efter ni lange måneder i fløjlsmørket er på vej mod lyset og de andre, mod Næsten som nogen siger. Mod mulighederne.

Edvard Munchs maleri "Skriget" (1893) udtrykker angstbølger som dem Nietzsche, Sartre og flere andre filosoffer tog op efter SK.

De gav deres version af et menneske, der har frihed til at *vælge*, en både dragende og frygtindgydende frihed: har man endelig set sig selv som fri, kan man blive overvældet af angst.

Munchs skrigende kvinde ude på broen holder sig for ørerne, hun er bange for at høre sin egen angst (er hun malerens forlovede, hende der uforsætligt skød ham i hånden – ligesom Verlaine Rimbaud?)

Med mindre det er et stille skrig – og som sådan endnu værre.

SK skriver om den angst, der er i Mozarts *Don Juan* – den er hans energi, ikke en reflekteret angst, men en substantiel angst: *Don Juans Liv er ikke Fortvivlelse, men det er Sandselighedens hele Magt, der fødes i Angest, og Don Juan selv er denne Angest, men denne Angest er netop den dæmoniske Livslyst".*

Hans "Begrebet Angest" har som undertitel "En simpel psychologisk-paapegende Overveielse i Retning af det dogmatiske Problem om Arvesynden". Forfatteren understreger, at han *af-*

handler Begrebet Angest psychologisk saaledes, at det har Dogmet
om Arvesynden in mente og for Øie.

SK's angst hverken kan eller skal "behandles", den skal gennem-
leves og gøres til en samlever. Mod døden, til døden, for døden.
Ind i evigheden.

Hvor det bliver svært, er når SK forklarer "angsten for det gode".
Jeg har endnu ikke fattet meningen og kan derfor kun gengive,
hvad han kalder "det dæmoniske", en særlig form for ufrihed:
Evigheden vil man ikke tænke alvorligen, men er angest for den,
og Angesten hitter paa hundrede Udflugter. Dog dette er netop det
Dæmoniske.

Et andet sted: *Jeg har en Angest for dette Høie: i strengere For-*
stand at lide for Læren, at være "Efterfølgeren", hvorimod jeg ikke
skjuler, at det er Christendommens Fordring (...) Men jeg har en
Angest.

Hvis man er *i det Onde*, siger han, *bliver Angesten for det gode.*
Det har logisk stringens – men er det egentlig til at fatte?

Vores gode, gamle Himmelstrup lægger vægt på, at angsten kun
"udbreder sig overfor et menneskes indre". Han taler om en "dyb
Angstdisposition", hvor "hele Skabningen ligger i Angst – som
Menneskeheden – og længes efter forløsning".

SK's angstbegreb udtrykker, at mennesket er bestemt til noget
højere – i egenskab af menneske; det er gennem angstens smerte,
at vi fornemmer en højere sammenhæng, en uforklarlig *Dragelse.*
Således er angsten skæringspunktet mellem de to verdener, vi bæ-
rer i os : den naturbestemte og den åndsbestemte.

Vi kan vælge at betræde *et høiere frihedens rige* eller for-
blive i den naturbundne tilværelse. De to danner "Angstens
vejkryds".

Angsten som det dyriske, der fører os til at vælge det menne-
skelige. Det menneskelige selv. Mig og mit.

Således er angsten hos SK *Syndens Angest i Mulighedens Tilstand* og *Frihedens Forhold til Skylden er Angest, fordi Friheden og Skylden endnu er Mulighed.*

Grillefængeri kalder han det, når mennesket ikke vil være det bevidste og ansvarsfulde vælgende individ, men fortaber friheden ved at blive i det dæmoniske, for *Syndens Trældom er et ufrit Forhold til det Onde, men det Dæmoniske er et ufrit Forhold til det Gode.*

Det dæmoniske er *det Indholdsløse, det Kjedsommelige*; men *Alt har Betydning*, når en krise indtræder. Som lige nu.

Hvordan skal vi arme syndsarvinger dog komme ud af kniben, vende angsten til mulighed og muligheden til valg, finde retningen midt i vejkrydset?

I al fald: *Saasnart Psychologien er færdig med Angesten, bliver den at aflevere til Dogmatiken.*

Det gør vi så. Vi skal jo videre.

12 Himlen begynder her

Gud kan man ikke tale om, i al fald ikke med vanlige ord, aldrig uden videre, sjældent lige på og hårdt. Man kan kun kredse om ham, fortælle historier eller evangelier, komme med lignelser. Han (og selv det ord er en dårlig vane) står uden for alt, uden for det, vi kender eller synes, vi kender. Gud er med andre ord (men dog vores, vi har kun dem) *anderledes*, den fuldstændigt anderledes.

Fordi han er *ånd* – og det ved vi ikke, hvad er. Vi kalder det kraft, energi, lys, livskilde, styring (eller *Styrelse*), vi kan forestille os alt, fra en langskægget olding til en lyserød eller sort sky, et overvældende sus, et ufatteligt hul, men det er kun fordi, mennesket synes dømt til at opfatte alting i billeder, opleve tilværelsen som en frem-stilling af det, der findes, noget, der ligner noget, og som vi kan klynge os til.

For et eller andet må der være at gribe i – selv for dem, der benægter Guds eksistens. De har klippet en antenne af og vil nøjes med os selv, selv om metoden kan synes at rumme en udeblivelse, et savn, et tomrum. En selvhævdelse på tynd is.

Benægterne er ikke ugudelige, men a-gudelige. På en måde er de nogle heldige asener.

Når Gud således *overstiger vores evne*, ikke alene er uden for menneskelig rækkevidde, men – som vi ofte føler det – bevidst vender os ryggen, fordi han *er* og aldrig har været eller bliver, har vi endnu sværere ved at gå med på historien om hans nonspermede søn Jesus med tilnavnet Kristus. Hvad skulle – eller kunne – han i vores gudsforladte verden?

For med ham træder *Ånden* jo ind i historien (Historien), vores snalrede eller heroisk dragende. Han gør sig synlig, kødeliggøres som det hedder, får krop og gang på jorden, bliver som en af os. Os dødelige.

Han påtager sig en skikkelse, først som Helligåndens mirakelbarn med en ung tøs (hendes kæreste Josef slår sig til tåls, af kærlighed og afmagt), så som en trediveårig mand, der flakker omkring som en anden vagabond, dårligt har en sten at hvile sit hoved på, fisker fiskere, har en skare followers, helbreder og gør i lignelser, men alligevel (og efter programmet) bliver ydmyget, pint og dræbt af den romerske besættelsesmagt – til de jødiske lærdes umådelige tilfredshed.

Et menneske, der samtidig med at være en del af det Almægtige, skal gennem ubeskrivelige lidelser og getagne svigt fra sine nærmeste, et menneske, der så alligevel skulle være vores "Herre".

Modsætningen eller *Paradoxet* mellem "udenfor Historien" og "i Historien" (*Det Historiskes Eviggjørelse og det Eviges Historiskgjørelse*) optager SK lige fra begyndelsen. Han betegner modsætningen som absurd. Den er fundamental – og kan kun blive genstand for tro. *Det Absurde er netop Troens Genstand og det Eneste, der lader sig tro.* Sådan. Som *Tro: den objektive Uvished.*

Indrøm, at det er et bud, der fejer benene væk under alt, hvad den godtroende fru Olsen medsamt kirken og kirkehistorien har fablet om i århundreder!

En absurditet eller meningsløshed, der fører ham til en tro, der *bestandig (skal) erhverves, og kun erhverves ved bestandig at frembringes* – i sin egenskab af *tvivl om tvivlen.*

Mod forstanden, mod al menneskelig beregning eller overvejelse, mod al sandsynlighed. Den kristne tro skal og kan kun vælges af det frie, bevidst vælgende individ – stik imod og trods al fornuft, al besserwissen, op mod alverdens klogskab.

Det er derfor svært at være kristen – eller blive det i tide. For ikke at sige umuligt, underkastet umenneskelige betingelser!

"Som i himlen således også på jorden ... " lyder det i Fadervor, den grundbøn, som Jesus skal have lært sine disciple at bede. Der bindes himmel og jord sammen uden videre. Historieløshed og Historie glider sammen, Gud er på færde begge steder, hans vilje hersker oppe som nede.

Som der ganske vist hverken er op eller ned på.

Men det skal altså *tros*, at troen er og er til. Vil eller kan man ikke det, står man i stampe, hvad SK's tankeverden angår. Selv forsøger jeg mig med et lille kneb: himlen begynder jo her, lige under mine fødder!

Rent fysisk er det indlysende: det vi kalder "himmel" er jo bare luften, og den begynder som bekendt ved jordoverfladen. Selv om den indeholder forskellige stoffer efterhånden som det ene luftlag afløser det andet og til sidst forsvinder et eller andet sted, hvor universet – og himlen – holder op. Det vil sige et sted uden for vores forestillingsevne.

Lige som de næste halvtreds år begynder lige nu eller den bekendte jordomrejse med det første fodslag, begynder himlen der, hvor jorden, det faste, det materielle, alt hvad møl og rust fortærer, bliver usynlig og dog findes. Som det vejr, jeg endnu levende trækker.

Så alt mens vi går på jorden, er vi allerede i himlen. Voilà!

Men selv om tankeknebet (foruden den fysiske virkelighed) på den måde samler himmel og jord eller i det mindste gør begrebet "himmel" mere nærværende, *os omsluttende*, og dermed "Guds rige" mere nærværende (hvis det er det, vi vil eller tror), skal der dog slukkes for forstanden for at tro.

Slippes skal al refleksion, og troen flytter så både dig og bjerge. Medsamt markens lilje og den flagrende, ubekymrede fugl.

Mennesket skal ikke *finde Stedet, hvor det Søgte er, thi dette er lige for ham, han skal ikke finde Stedet, hvor Gud er, han skal ikke stræbe derhen, thi Gud er lige for ham, ganske nær, nær allevegne, men han skal forandres, at han selv kan blive Stedet, hvor Gud er i Sandhed. Gud i mig, mig i Gud.*

Vil vi det? Vil jeg det? Kan jeg det?

Har det overhovedet nogen mening at ville *erhverve sin Sjæl?*

Kommet hertil sidder jeg med en fornemmelse af, at SK løber af med mig. Jeg ved ikke længere, om det er ham eller mig, der skriver. Egentlig kan det kun være mig, for jeg og ikke han sidder bag skærmen som Jens Vejmand med sine skærver.

Men en forfatter, man har læst så grundigt, man orker, måske ligefrem har forsøgt at indleve sig i (bo i), får i udtryksøjeblikket, altså når man gengiver eller beskriver det læste, en sær magt: den så at sige at (over)tage ordet.

(ved at åbne nogle parenteser her opretter jeg et territorium, hvor jeg alene har ordet, ja ligefrem fører det, og kan benytte lejligheden til at give en forklaring; eksemplet med "himlen, der begynder under mine fødder" sporer jeg personligt tilbage til et "Anslag", en af mine korte tekster skrevet længe før jeg lukkede SK ind i mit liv (eller han mig i sit), men nu hvor jeg har gentaget det her, finder jeg i mine noter den samme tanke formuleret af SK: Evangeliet, som er: det himmelske nede ved Jorden; da han med sikkerhed ikke har kopieret mig, har hans udtryk enten spøgt i mit baghoved uden at jeg endnu havde læst ham eller også må der findes et helt tredje ophav, en kollektiv kulturel bagage, som både SK og jeg altså har hanket op i, der er vist noget med en dansk salmedigter – tanken er vældigt bærende, må jeg sige; men betyder det så, at forestillingen om at himlen (og "himlen") allerede er her, hvor vi går levende omkring, ikke er særlig original, måske ligefrem gængs? Hos SK's næppe, hos al-uvidende mig sandsynligvis; men erfaringen udviser jo, at det åndelige hovedbrud, der består i at tænke og skrive altid vil være en labyrint, en halvmystisk alkymi – som enhver klodderagtig fusker kan kaste sig ud i!)

På den ene side er det i orden, at SK huserer i det, jeg skriver her; meningen var jo at skildre, hvad han gør ved sin læser, hvordan man næsten to hundrede år senere kan lade sig mærke af begreber og synsmåder hos en dansk tænker, der var samtidig med H.C. Andersen – og hvis liv på en måde var et nok så barsk eventyr.

Det gik jo ud på at indkredse hvorvidt, hvorfor og hvordan SK og hans skrifter vinder indpas i et krydsfelt af personlige kradsere og opløftelser, som en gammel dansk fraflytter, under indtryk af en verserende pandemi, spræller i et sted nede i det sydlige Europa.

Spørgsmålet var, om de tyve små, rustrøde bind egentlig kommer mig ved. For ikke at tale om jer!

Hvad siger SK mig, hans læser, her og nu?

På den anden side begynder enhver tekst på et tidspunkt at opføre sig lovlig selvstændigt. Man skriver den og opdager pludselig, at den også selv skriver. Sommetider noget andet end det, man egentlig ville skrive eller rent faktisk skriver om.

For de ikke skrivende lyder den slags som ren galimatias, det ved jeg godt. En dårlig undskyldning for at rode sig væk fra emnet. Det er bare sådan. Fra at være SK og mig truer det med at blive mere og mere mig. SK bliver hægtet af – eller er kun med som et påskud; sigtet sløres, kuglen er vattet.

Himmel og jord står i ét! Hvor meget SK kan der være i det?

Dilemmaet er af dialektisk art! Det taler med sig selv. Subjektiviserer subjektet hedder det. Udveksling. Heldigvis, for det kan jeg bruge. Skuden vipper, men synker ej!

Men hvad ville SK i grunden med sit politispioneri i den menneskelige sjæl, sit søgelys hen under sindets hvælvinger, indbefattet kritikken af tyskernes model og psykologien (*jeg er en humoristisk experimenterende psykolog*)?

Kan man melde sig som *hiin Enkelte*, som hans *Læser* i 2020 (to gange bindene) – og finde sig selv?

Når *det at Job troede (...) skal fremstilles saaledes, at det for mig kommer til at betyde, om jeg nu ogsaa vil erhverve Troen*, skal SK's opbyggelige taler så også føre mig til troen? Skal jeg for alvor tage *hvorledes* alvorligt og lade *hvad* fare? Ikke bare være en *Gavty-ve-Christen*? En, der *sværger (...), aflægger Ed, render Ærender, vover Liv og Blod (...) Alt for Parykken*?

Jeg elendige kultur-protestant blandt katolikker (der heller ikke er det) i min *danske, jævne, gemytlige Middelmaadighed.* Hvor *eet Menneske er nok til at skaffe en hel By Cholera* (og *1000 Præster nok til at fnatte et helt Samfund*).

Og hvor en skibsladning syriske tekstiler i 1720 spredte pest fra Marseille ud over hele Provence, og halvdelen af befolkningen døde. Hvad der har efterladt vise angstspor i folk og fæ.

Puste til *Trangsbrystetheden* og godtage altid at *have Uret i Forhold til Gud* og *være skyldig*?

Skal og kan jeg klare *Fordoblelsen* som er *med sin Forstand at fastholde, at noget er mod Forstanden og saa dog ville det,* nemlig tro? Blive en, *der gaaer Troens trange Vei* (og som ingen) *kan raade, Ingen forstaae.*

Behøver jeg ligefrem at sige det, eftersom *Enhver Beslutning, der i sin dybeste Grund er god, er taus, thi den gjør Gud til Medvider*?

Al *Slaabrokspassiar* lagt til side. Og *Flæbernes Spildevand* rendt af gulvet.

13 Meditativ inderlighed

Man dør ikke af sygdom, men af at være levende, skriver Montaigne. Døden og livet hænger intimt sammen, uden den ene, ikke det andet. Eller kun som etiketter, noget sjælløst.

Således opfattet er døden ikke alene bestemt for alle, men fra første færd *nødvendig*, hvis vores liv skal have nogen mening, noget indhold.

Den i sig selv ikke omvæltende originale tankegang kommer til at virke lysende og tildels overraskende hos en tænker som Montaigne (der skriver sidst i 1500-tallet), fordi han indpasser døden som et *normalt* led i menneskets tilværelse. Døden er en dimension af livet – så længe det varer.

Men hvis dødens egentlige årsag er, at vi lever (dødsliv/livsdød), skal vi enten frygte begge, både livet og døden, eller slet ikke frygte nogen af dem, hverken døden eller livet. Og det er os selv, der skal vælge!

Hvis døden "kun" skyldes sygdom, alder eller anden jordisk ulykke og består i, at vi før eller siden raller os *wohin* med vores kære ved sengekanten, kan vi hele livet gå rundt og være "dødsens angste"; herunder vakle rundt i depression over pandemier som Covid-19 – der som bekendt er værre end de 18, der gik forud, og mildere end de efterfølgende!

Angst drejer sig for de fleste af os om *dødsangst*. Den nu bekendte livsopretholdende. Men hvor man end vil lede efter dens sejr, er døden i sig selv ingenting. Hvilket kun gør angsten omkring den mere speget. Både angsten i SK's regi og i de andres, sindets healere og post-freudianernes. Foruden, i al beskedenhed, min.

Ordet død betyder, at *liv stopper.* Ikke noget som helst andet. Hjertet, hjernen og til sidst også håret og neglene holder op med at banke, tænke og gro.

At dø kalder vi det – og det ved alle, hvad er. Men selve tingen, fænomenet "døden", eksisterer ikke – hverken som tilstand eller egenskab.

Man siges at være død, man er ingenting. Kun efterladenskaber. Hvad resten anbelanger, foregår det hovedsagelig i de endnu levendes hoveder, hvor de døde får et senliv af skiftende varighed.

Enerne, genierne eller de største forbrydere havner i Historien, vi andre i en sluttet kreds af privat karakter; begge steder kan skudsmålet være varieret.

Vi kan ikke fastholde døden, hverken fæstne den til papiret som tegning, maleri, fotografi eller ord, ikke gøre andet end at udtrykke den symbolsk (manden med leen) og så i øvrigt fortælle børnene, at "den" har taget bedstefar med ud på en lang rejse.

I romanen "Huset" (2000) af Klaus Rifbjerg ligger hovedpersonen febersyg i havestuen og tænker: *Døden kunne komme ind ad den åbne havedør, men der kom en kat.*

Tidligere bildte man folk ind, at døden var et transportfirma, der afleverede os direkte i helvede, hvis vi havde været onde eller utilstrækkelige, kun havde elsket os selv eller levet i synd; og ellers i en mellemstation til paradis, benævnt *skærsilden*, hvis vi i det mindste havde vist god vilje – eller erhvervet os et "afladsbrev" med pavens tilgivelse!

Døden var til at tale med, den indgik ordninger. Den uomgængelige død, allemands skæbne, kunne der pyntes på, alt håb var aldrig ude.

Evigheden fandtes, selv om vejen dertil kunne være trang og stejl. Et umisteligt, evigt liv, en tilbagevenden til riget før vores fødsel måske.

Den slags vidtløftige fortællinger er vi heldigvis vokset fra. Vores død "indtræffer" koldt og klinisk, tit langt hjemmefra; vi bliver "kaldt bort", er "mistet", "savnet" eller "får fred". Forhåbentlig da. I bedste fald skifter vi bare identitet til "den afdøde". Af jord er du kommet …

Hvorefter gasflammerne kan opsluge os som vi ligger der nok så fornøjede i den biovenlige papkiste og forlængst har opgivet at følge med i, hvad der foregår.

Men alligvel, selv *ingenting*, navnlig ingenting, selv noget, der egentlig slet ikke er noget, selv det har magt til at skræmme os, sommetider fra vid og sans. Så vi bliver dødsens angste. Mest for at dø, men også for at *være* død. Hvem kan sige sig fri?

SK skriver bestikkende, at der er *Insekter, der døe i Befrugtningens Øjeblik, saaledes er det med al Glæde, Livets højeste og yppigste Nydelses-Moment er ledsaget af Døden.* Lige som angsten.

Mon SK tænker på knælerhunnen, der straks efter befrugtningsakten æder hannens hjerne for at få de nødvendige hormoner til reproduktionen?

Nu er SK ingen guru, ingen kan vel være det mindre! Han vil ikke lære os andet end at være og blive os selv, ikke noget som helst andet. Ingen mirakelkur i ærmet der, ingen genvej til forløsningen eller frelsen. Ingen opskrift på lykken.

Han ville have været en elendig sektleder, en ensom guru.

Undervejs i de tyve bind har jeg ved siden af læst om *meditation*. Om buddhisme og taoisme, om yoga på højeste plan – det vil sige, en fysisk/åndelig øvelse, hvor man iført løse gevandter frivilligt tager plads under åget – på fransk "joug" (yoga): et åg med to trækdyr, der egentlig helst ville gå til hver sin side.

Fransk litteraturs "enfant terrible" eller uvorne unge, *Emmanuel Carrère*, skriver i sin sidste bog, "Yoga" (P.O.L. 2020), om sin bi-polaritet, tidligere kaldet manio-depression; bogen solgte 200.000 eksemplarer den første uge.

Han skildrer i detaljer sit lange ophold på psykiatrisk afdeling efterfulgt af flere måneders ngo-arbejde blandt afghanske og syriske flygtninge på den græske ø Leros (nabo til Lesbos), hvor han sammen med en amerikansk kvinde i lige så stort psykisk uføre som ham selv organiserer et forfatterværksted for fire unge fyre.

Bogen begynder som en skildring af et intensivt yoga kursus på en gård i det østlige Frankrig – som han imidlertid må forlade i utide, da jihadisterne den 7. januar 2015 myrder 11 af "Charlie Hebdo"s redaktion, og økonomen Bernard Maris' (*Oncle Bernard*) enke beder ham holde gravtalen over sin mand. Men han vender tilbage senere og fuldfører kurset.

Den bipolare Carrère har dyrket yoga og kinesisk tai-chi længe, da han indskriver sig, han trænger blot til lidt fornyelse – og pønser på at skrive en bog om yoga, en *smilende og blid* skildring, tænker han sig.

I Carrères vanlige ego-stil udvikler den litterære selvfiktion sig nu til et gigantisk værk om ham selv og hans odyssé gennem en depression, som efter ti års "normal" tilværelse og flere litterære succeser har nedlagt ham påny.

Skilsmissen i marts 2020 spiller en vis rolle – hvis detaljer læseren dog må undvære, fordi forfatteren har en skriftlig aftale med ekskonen om ikke at nævne hende. Han har haft for mange retsopgør med familiemedlemmer, der blev omtalt i hans bøger.

Vi får alligevel meget at vide om *yoga* midt i de utallige sidespring, der på en måde udgør bogens rygrad. Forfatterens komplicerede forhold til omverden, hans daglige eksistens og ret vilde forestillinger, hans hyppige drukture og seksuelle oplevelser, overtager den påtænkte bog om yoga.

Da han imidlertid er en mesterlig skribent – men også fordi hans navle essentielt ligner alle andres – bliver man hængende til sidste side. Ind i mellem skal man dog være lidt af en fan af

Emmanuel Carrère for ikke at lade ham sejle videre alene i sin psykiske andedam.

Da jeg åbnede bogen, var det mest for at se, hvilken form for *angst*, en mand som Carrère lider af, og om der i hans erfaringer med en "melankolsk depression" og meditationens velgeringer eventuelt var en tråd til SK.

Jeg kan godt se, hvor vanvittigt det virker at gå til en moderne psykotisk, ilde tilredt, hudløst ærlig og storskrivende fransk forfatter med baghovedet optaget af en dansk tænker som SK, der for snart et par hundrede år siden udforskede menneskesindet på sin måde. Og i al fald udadtil gjorde det så upersonligt, som man kan forestille sig.

Men det storartede – og det risikable – ved al intellektuel virksomhed er, at der opstår usandsynlige og sære, halvneurotiske forbindelser ("sammenlignende billeddannelser" sagde Storm-P), som måske alligevel kan bringe ens egne tanker lidt videre.

Lige her tænker jeg på, at jeg egentlig selv sidder og skriver med håndholdt computer: min tekst og dens stil, selve dens henvendelsesmåde, er på carrèresk vis blevet en del af fremstillingen.

Lars von Trier og hans dogmekumpaner søgte ikke kun bevægelse i billederne, de lod kameraet spille sin egen rolle blandt de øvrige rollehavere. Det *medvirkende* kamera skulle mere end optage, gengive og vise, det skulle træde ind i beretningen og over- eller underspille sin egen rolle som billedskaber; ved at være midt i filmens halløj og filosofi indvirker kameraet på handlingen. Og i sidste ende, i biografsalen, på tilskuerens oplevelse.

På samme måde kan man forholde sig til ord og sætninger, der enten er en konsekvens af noter og planlægning (efter endt læsning af f. eks. SK's samlede værker) eller opstår undervejs som behov for at udrede, lyst til at uddybe (eller bevidst vildlede), måske begge dele, mere eller mindre sammenflettet, i al fald indlysende udisciplineret.

Hvad der her giver sig ud for et essay om SK m. fl. under covid'en er således alt andet end en afhanding: ingen skal overbevises, ingen jury skal tage stilling – jeg er kun ude på at gøre indtryk! Men der skulle dog gerne være et sigte med det altsammen. Håndholdt måske, men retningsfuldt.

Lad mig sige lidt mere om det efter de følgende linjer, hvor Carrère samler sin opfattelse af meditativ praksis (side 350/1):

Meditation er at sidde ubevægelig på gulvet uden at tale (…) alt, hvad der foregår i éns bevidsthed er så meditation (…) meditationen består i at fremkalde et vidne inde i sig selv, et vidne, der kan betragte ens hvirvlende tankestrømme uden at lade sig rive med af dem (…) meditation er at se tingene som de er (…) at vriste sig løs fra sin egen identitet (…) at afstå fra at dømme, være opmærksom, observere kontaktpunkterne mellem sig og ikke-sig (…) sætte en stopper for sine evindeligt skiftende mentale bølgebevægelser (…) at observere især de mest springende af dem, som inderne kalder vritti (små aber), få dem beroliget og helst udryddet (…) at erkende, at andre mennesker findes (…) at dykke ned i sit indre jeg og grave tunneler, bygge dæmninger, åbne nye veje og få noget til at fødes, der ender i en stor åben, himmel (…) meditation er at finde en skjult strålezone inde i sig selv (…) et sted, hvor man har det godt (…) det er hele tiden at være bevidst om alting (…) og ikke bilde sig noget ind (…) give los, intet forvente, intet foretage sig (…) leve i nuet (…) meditation er intet at tilføje.

Bogen indledes med et citat fra det apokryfe eller ikke godkendte bibelskrift, Thomas evangeliet:

Hvis du får det frem, der ligger i dit indre, vil det, der viser sig, redde dig. Hvis du ikke får det frem, vil det slå dig ihjel.

Altså tal, skriv – vend vrangen ud. Den er dig. Lev.

Er der ikke noget med *Inderlighed* og selvsøgen her, en slags fordoblelse? Det der fjæler sig i EC's indre, hans bestræbelser på at grave det frem, blive vidne til sig selv … minder det ikke om SK's stræben efter sit "sande jeg"? Noget, han grundigt udsagde som en del af en livsanskuelse, ja livsmålet, for det bevidste menneske?

Når Carrère taler om at træde to skridt tilbage og se at få standset de omkringfuttende *vritti'er*, der forleder os til en overfladisk, ophakket, lystbaseret, donjuanistisk eksistens (mine ord), når han vil "dykke ned i sit indre" og finde sin fredszone, den permanente bevidsthed og "leve i nuet", "intet forvente, intet foretage sig", være helt og aldeles til stede i det, vi med SK også kunne kalde *Gerningerne*, er han så ikke på vej et eller andet sted hen i stadiernes store spiral?

Eller er det kun mig, der hører et ekko fra bindene, en fjern og samtidig højaktuel genklang af den lærde og humoristiske, fortvivlet-frelste og til sidst direkte opbyggelige tale, som en vis SK førte midt i det 19. århundrede?

Trænger man til ro, til at holde op med at være "ude af sig selv" og endelig lunte indenfor, finde en indre balance, selvstyrkning og hvad der ellers loves i brochurerne, er viften af aktiviteter bred; pastor og forfatter Pia Søltoft ("Kierkegaard og kærlighedens skikkelser") ligefrem tilbyder at *coache* folk på et kursus, der gør folk til "bedre ledere".

Som kunne et individ, hvis liv går ud på at modnes til at lede sig selv og tage det fulde ansvar for sit liv, dets *hvorledes*, samtidig udstyres med bedre evner til at lede andre. Lad det ligge, jeg er for gammel til at tage på kursus – og har heller ikke nogen at lede. Knap nok mig selv!

Men jo, manden med den svirpende dandystok og den bredskyggede hat, særlingen med en stribe hujende unger efter sig i de småkøbenhavnske gader, tænkeren med hjernevindingerne i uafladelig og ypperste travlhed – eller i ivrig udveksling med dagens samtalepartner – han færdes også i vores åndelige suppedas!

Syndens Inderlighed som Angest i den existerende Individualitet er den størst mulige Fjernhed og den smerteligste Fjernhed fra Sandheden, naar Sandheden er Subjectiviteten. Kan det ikke oversættes til Carrèrefransk i dag?

SK skulle såmænd bare lige have pillet den "moderne tænkning", det vil sige samtidens berlinske, fra hinanden, dernæst klarlægge sit eget krogede indre under den herskende romantiske guldalder (herunder brænde sig på forelskelsen), få lagt et sigtepunkt ind i sin tilværelse, åbne for troens mulighed, samle alt sit mod til at vælge troen mod bedre vidende, mod forstanden, for endelig at undsige og nedgøre sin tids herskende kristendom, statskirken og dens velbjergede repræsentanter, dem med de lange, sorte kjoler.

Undervejs udviklede han nogle tanker om menneskesindet og dets sammensætning, om den tilgroede sti, der skal føre os gennem det historiebårne livs trædemølle – og om det valg, der under alle omstændigheder venter os.

Kald ikke det for støvet i dag!

En del af hans tekster går til i tidskværnen, for mig er det hans kritik af det hegelske triademaskineri og dets indre logik. Prøjserskolen keder mig – og jeg forstår ikke halvdelen.

Men den del af SK's tanker, der allerede i hans levende live var historiesprængende, det vil sige grundmenneskelig og således "evig" eller i det mindste uforanderlig, møder vi den dag i dag de mest uventede steder.

Mit forsøg her gik og går stadig ud på at udkrystallisere netop den del – ved at konfrontere den med min egen forvirring. I min høje alders frihed bilder jeg mig ind, at den stump liv, der endnu er mig forundt, kan bruges til at *lege alvor.* Idet Sk bliver det for én.

Selv om *frihed* også bare skulle være et ord, der udtrykker, at vi ikke har mere at miste. Udover det eneste, der tæller, selvsagt.

I Frankrig bor en gammel kineser, der kom hertil som ung med sine forældre som politisk flygtning. Han vidste tidligt, at han var digter, men ventede til han var over fyrre med at udgive noget på fransk.

I dag er han i halvfemserne og sidder i Det franske Akademi som en af de få, man virkelig tror er udødelig.

Da han fik fransk statsborgerskab, skiftede han sit kinesiske fornavn ud med François (efter Frans af Assisi), dels fordi han var katolik, dels fordi den italienske munk stod for ham som et religiøst og kunstnerisk ideal.

François Cheng er foruden at være digter også kaligraf – samt romanforfatter, essayist og filosof. Hans spinkle skikkelse fylder ikke meget, han ser ud som tyndt porcelæn, det mindste vindstød kan feje ham af banen. I virkeligheden er han solid som en klippe.

Hans spinkle stemme kan råbe en verden op.

Det var hans bog "Cinq méditations sur la mort, autrement dit sur la vie » (Fem meditationer over døden, det vil sige om livet, 2013), jeg som noget af det første fik lyst til at genlæse, da jeg blev spundet ind i SK's labyrinter.

Den sidste af Chengs fem "tankerækker" er et langt digt, der slutter således:

Du forbipasserende, efterlad ikke her din krops skatte
Ejheller dine åndsgaver
Men kun nogle spor af dine fødder.
Så den store vind en dag
Kan lære din rytme at kende
Og din stilhed, dit skrig
For endelig at kunne afstikke din vej.

"Vejen" er at afvise enhver form for nihilisme, "sige ja til livets orden": den som i Chengs tilfælde er afstukket af hans opdragelse, hans overbevisninger – og *Taos* "intuitioner".

I stedet for som Nietzsche at blive den, man er, skal man snarere blive den, man vil *være*. Eller være den, man er blevet.

Vejen (eller retningen) har vist ham, at et mægtigt åndepust (luftning, præg, inspiration, kraft eller flod), der oprindeligt opstod af Intet, har fremkaldt Alt, såvel i universet som i menneskers liv.

Hvor "Intet" vel at mærke betyder "Alt": "det der er kommer fra det, der ikke er, og det, der ikke er, rummer det, der er" (*Lao-zi*, taoismens fader).

Døden er det punkt, hvor Alt forsvinder i Intet – og det er vores dødsbevidsthed, der får os til at se livet som det absolutte gode.

Cheng citerer Frans af Assisi, der var bange for hunde og kaldte døden "vores søster": i stedet for at betragte døden som et nært eller fjernt skræmmebillede, kan vi også rette bikket mod *livet* fra "den anden side", det vil sige med døden som udkigspost.

Så får vi et bredere, mere åbent syn på livet. Bevidstheden om at skulle dø (og en vis ro ved tanken) bliver kilden til en livsglæde, der samtidig i hvert individ styrker ønsket om at "opnå sin egen død". Som for *Rilke* var at dø som digter.

At give døden sin plads i vores livssyn får os til at tage livet som en uhørt gave, skriver Cheng ; han gengiver nogle linjer af *Etty Hillesum* (1914-43, jødisk hollænder), der blev myrdet i Auschwitz:

(...) ved at se døden i øjnene og acceptere den som en del af livet kan jeg gøre mit liv større. Omvendt, hvis jeg allerede nu ofrer bare en stump af mit liv til døden, af frygt for denne eller fordi, jeg ikke vil acceptere den, så er jeg sikker på at sidde tilbage med en lille rest af et lemlæstet liv, noget der dårligt fortjener betegnelsen liv. Det ser ud som et paradoks: ved at udelukke døden fra sit liv, går man glip af et fuldbårent liv, ved at tage mod døden som en del af eksistensen, åbner og beriger man sit liv. (fra hendes dagbog, 1985).

Dermed er i grunden alt sagt om "døden som en frugt af vores eksistens og ikke som en meningsløs afslutning". I al fald til vores brug. Den katolske taoist Cheng ser døden (og menneskets utallige lidelser) som adgangen (en anden siger *Muligheden*) til at "forestille sig" en Gud.

Dødsbevidstheden, den levendes sameksistens med tanken om, at livet en dag, nu eller sidenhen, stopper, er det, der giver vores gang på jorden indhold, tykkelse i vores menneskelighed, trang til at opleve sig som unik – men på linje med alle andre. Mennesket er forbløffende menneskeligt og dermed alment!

Yin og Yang spiller sammen med tredjeparten, nemlig Tomheden mellem dem. Mennesket er hele tiden på vej gennem den store interaktion, ikke som tilskuer, heller ikke som offer, men som part og deltager.

Det drejer sig om at *vide* det og *ville* det.

De to forfattere, Emmanuel Carrère og François Cheng tager hinanden i hånden – eller snarere, med deres fire hænder danner de et sæde, som jeg frimodigt hopper op på.

Som barnet på gyngen jubler jeg forskrækket, hvor højt vil de svinge mig, kaster de mig ud i det tomme rum, rammer jeg mon jorden igen – og i hvilken stand?

14 Vejen eller målet

Undervejs i SK's skrifter – mestendels i den teologiske del – rumsterede det i baghovedet, om jeg nu endelig ville finde svar på det med Vorherre.

Ikke at jeg til daglig går op i limningen af uvished (angstens forskellige former), ikke at jeg fra morgen til aften leder efter den ro i sindet, som man efter sigende får med troen, nej – men alligevel.

Spørgsmålet om Gud, hans eksistens, hans gøren og laden, hans plads i mit liv, er og har altid været væsentligt. Lige fra den tidlige morgen, hvor jeg som cykelbud for ismejeriet forbandede den skid til Vorherre, der plagede mig med regn og kulde!

Tiden har ikke hjulpet på uvisheden, tvært i mod. For det meste har jeg affejet den, henvist den til senere, altid senere – som man nu gerne udsætter det svære, det knudrede i livet.

Det nemmeste var egentlig at bilde sig selv ind, at spørgsmålet er irrelevant, fordi Gud jo er skabt af os mennesker og ikke omvendt.

Sådan som vi plejer at gøre med de gåder, der udgør vores eksistens, som for eksempel meningen med vores jordiske ophold (hvis der er nogen), vores frihed, selvvalget og ansvaret, vores menneskelighed på godt og ondt, foruden de andre, deres tilblivelse, meningen med dem, deres frihed, selvvalg og anvar, deres menneskelighed på godt og ondt.

Kort sagt: Hvorfor!

Ville hr. magisteren venligst kunne fortælle mig, om jeg tror? Eller hvordan jeg kommer til det? Ville hans tilgang til kristendom, hans personlige strid med stoffet og styrelsen, hans egen vej, hans karske endevendelse af præstehykleriet og massernes godtroenhed, hans gøren grin med kandidat From – ville noget af alt det hjælpe mig til klarhed?

Med andre ord, kan jeg bruge SK til noget i det mindste dér?

Det var den første bommert. Sådan er manden jo slet ikke. Han har aldrig falbudt religøst kram fra nogen markedsbod. Det kan hans læser godt glemme.

Så om jeg har/får troen eller ej, om jeg en dag – hvad skal vi kalde det – *overgiver* mig, lader tiltroen til det evige liv sive langsomt ind i mig, om jeg vil være salig, komme med i den store hvide flok, endelig vover at *sige Du til Gud* og blændes af stråleglansen, det skal jeg selv finde ud af; på egen hånd.

Hvad SK kan, hvad han har kunnet, hvad kernen i hans ikke-lære er, finder man ud af undervejs; det gælder bare om ikke at glemme den kerne, når det vilde ridt skal rundes af.

For det første, hvad mon det kan betyde at *tro*?

Når den Enkelte ikke forstaaer sig selv, og den Ene ikke den Anden eller man ifører sig *en fortræffelig Dragt for Sindets Magelighed og europæisk Bysnak*, falder i staver over ordene *Dersom Gud ikke er til, saa er det jo en Umulighed at bevise det, men er han til, så er det jo en Daarskab at ville bevise det*, grubler over, at *Veien er Sandheden, altsaa er Sandheden kun i Vordelse, i Tilegnelsens Proces*,(og) *at der derhos intet Resultat er* plus *Der er kun eet Bevis for, at det Evige er til: Troen på det* eller *Tro betyder just: det, jeg søger, er ikke her, netop derfor troer jeg det*, og videre: *Tro er paa en anden Side Døden*, når alt det, er man endelig fremme ved spærringen: *Mit Væsens hele Indhold skriger i Modsætning med sig selv.*

Fortvivlelsen – der i grunden godt kan være tvivl om tvivlen. For-tvivlelsen.

Men tyve bind for at nå dertil! Velvidende, at *Christendommen er ingen Lære, men udtrykker en Existens-Modsigelse og er en Existens-Meddelelse.*

Eksistensmeddelelse!

Satans, bander jeg (pardon): SK kan ikke *bruges* til noget, han *er* noget – og det er så det, jeg som hans læser skal fatte. Gribe i, opleve, gennemleve.

Min ven fra studietiden, der engang var frimenighedspræst, fyrer nu fra sin retræte små kloge og underfundige bøger af; i sin sidste, "Jesus som Matthæus så ham", understreger han, at Jesus kunne helbrede dem, der troede, at han kunne. Det vil sige havde tillid til ham.

"Tror du, jeg kan gøre det"? spurgte han dem, der ville helbredes. Folk vidste ikke noget om ham, kun at han nok var noget stort, sådan noget som "Davids søn" – og dermed indpasset i den jødiske tradition.

De troede derimod fuldt og fast på, at han kunne gøre dem raske, og det var det afgørende. "Miraklet" var på deres side, kunne man næsten sige.

De troede ikke *på* ham, ikke på, at han var sendt af Gud, ikke at han var dennes søn, det var for vildt, ikke at han var kommet for at frelse alle mennesker, og alt det der. Det kendte de ikke noget til. Alt det, som kristendommen senere kom til at handle om som *religion*. For alle de fortvivlede, de syge, der søgte ham, var han en *healer*.

Når de troede det, var det nok; alting blev muligt.

Ingen opskrift hos SK, sagde jeg. Kun tro som tillid. Den kan ikke skabes, kun fås. Men hvad der virkelig vejer til, er SK's *vordelse*: vejen (eller retningen) bliver selve anliggendet, det at gå den. På samme måde som det ikke er det vigtigste, *hvad* man vælger, men *at* man vælger.

Det afgørende er, *hvorledes* man gebærder sig, om man lever som et vælgende menneske (jeg kan ikke skrive som en vælger), om man tør tage ansvaret for sit liv, om man tør den frihed, der rummer risikoen for at fejle, om man virkelig og alvorligt stræber efter at komme overens med sin angst og bevæge sig, hele tiden bevæge sig, udvikle sig – indtil sidste stopklods. Der muligvis er en affyringsrampe.

Muligheden er der. Det må alt sættes ind på – først som individ, så som almenmenneske og igen individ. Højere og højere til det højeste.

Hans menneske er således aldrig færdigt. Det er virkelig noget, der passer mig. Hans menneske lever i det målrettede, i hensigten, den faste vilje – men under modsætningens vilkår. Livet som et *enten eller.*

Heri ligger den vitale dynamik, der får os til at føle os levende, medvirkende, ikke bare nydende tilskuere, ikke bare de blindt henrevne udi egen fortræffelighed, der bliver stødte over, at verden drejer lidt anderledes end de (vi) forventede og kunne ønske det.

Som det ind i mellem ser ud til fra vores sofakrog.

Mens jeg skriver her, er Sophie Pétronin, en 75-årig fransk kvinde, der i mange år har arbejdet som frivillig med forsømte børn i Mali, endelig efter fire år som jihadisternes gidsel i ørkenen blevet frigivet.

Ved ankomsten til Frankrig forklarer hun præsidenten, at hun har klaret sig igennem ved på et tidligt tidspunkt og rent mentalt at omdanne sit fangenskab til et åndeligt eksperiment.

Andre af historiens gidsler (Mandela, Gandhi f.eks.) kunne på samme måde skabe åndsfrihed i deres fangehul, føle sig frie indvendigt. Eller *indvortes.* Det lykkedes også for fru Pétronin.

Mit navn er ikke Sophie, men det med at benytte sig af en indskrænkning af bevægelsfriheden til at omdanne situationen til et "åndeligt eksperiment" er jeg med på.

Det var under den påbudte covid spærretid i april 2020, at jeg tog min tilflugt til SK. Mit selvvalgte "fængsel"s mure kom til at bestå af tyve små bogbind – og deres indhold uden grænser.

Og undskyld, men lige nu, hvor hverdagen stadig er omhegnet af forsigtighedsregler, kan man godt sidde med en fornemmelse af, at livet i almindelighed er et fængsel, hvor det gælder om at have nogle antenner til noget andet og større!

SK forklarer mig – selv hvis jeg amputerer det religøse væk som Sartre – at et sandt liv består i at tage det alvorligt, og ikke alene det, i at vide og ville, at det enkelte menneske ikke er sat ind i verden for at opnå noget, men for at *være*, ikke nødvendigvis nogen, blot være. Så helstøbt som mulig.

Idet han idelig beskriver det forkerte eller uønskede (efter hans målestok), overlader han til sin læser at finde frem til det rigtige. Det passer mig også.

Det væsentlige sker, mens man er i gang med det. Det, som vi måske kun føler som en forberedelse til det egentlige, er ofte selve tingen. Selve eksistensen.

Man kan aldrig regne med at have fundet målet. Er der overhovedet noget mål? I vores forstand, altså. Det er ikke sikkert – kun muligt.

Mit liv, som ingen anden på hele jorden kan leve i mit sted (lige som ingen heller kan dø for mig), er emnet for SK's tænkning. Men man kunne lige så godt have kaldt filosoffen *dialektialist* eller *individualist* og *polemist–* faktisk hvad som helst, der ender på *–ist*. Eksistentialist måske!

Spørgsmålet: kan SK bruges til noget, besvarede nogle af efterkrigstidens franske intellektuelle med et rungende ja. De var ikke hildede i kirkelige overvejelser. Vi behøver heller ikke at overtage deres synsvinkel.

Dels var mit spørgsmål forkert stillet (vil jeg ende med at tro?), dels var det henvendt til den forkerte. At indse det nu er altid noget – i virkeligheden det eneste, der viser, at al den læsning ikke var forgæves.

Den skarptslebne, ironiserende, krævende, alvorlige og ensomme tænker viser os som alle af hans klasse, hvor enkelt det indviklede i grunden er. Når han siger, at det ikke er vejen, der er svær, men det svære, der er vejen, forekommer det straks indlysende.

Hvorfor har man ikke selv tænkt over det på den måde? Det svære, det ved vi jo godt, er ofte det rigtige, det nemme for det meste en ud- eller genvej.

Lad mig foreløbig nøjes med det: *tilblivelsen, valget, tilliden.*

Da alt foregår *indvortes*, på de indre linjer, og alt er bedst tjent med at forblive *taust*, og for resten er og bliver *indirekte meddelelse*, ville det være absurd (tonløst) at gå videre i det spor her.

SK slog på en måde sig selv for munden, for han forklarede jo udførligt, skønt diskret og for egen bogtrykkerregning, den store sammenhæng! Paradoksets dage var heller ikke talte i 1840'erne – og bliver det nok aldrig!

Lige som man kan undre sig over, at mennesket gør alting så indviklet som muligt, selv der hvor ledetrådene i grunden er både ret synlige og uden knuder, kan man blive ligefrem vred på sig selv for ikke at have læst SK noget før.

Som de andre skvadderhoveder har man udskudt det, glemt det, gemt det – alt i mens man rev hovedet af sig selv over genvordigheder og svigt, mangel på kærlighed og omtanke, sult efter frihed foruden resten af livets smuler; alt i mens man gik og bildte sig ind, at det var livet.

SK, ikke som psykologisk rådgiver, I Guder! Ikke som åndelig vejleder eller meditations-boss, ikke som kittel- eller kjoleklædt trøstermand, kun som neuronpisker, oplukker til hjernen og hjertet. Igangsætter. Som tænker med tanker til forsøgsvist tænkende.

Skal man nu bukke og trække sig ud af kredsen, bruge den sidste tid til at kæle for lysten til at begynde forfra – hvad det så måtte betyde? Eller bare slukke lyset?

Lad mig lige sove på det.

15 Forstå livet baglæns

Lige nu ligger Dédé og spræller på *billardbordet*. Det hedder en operationsbriks på fransk. Formentlig for at understrege tilfældets rolle i ethvert kirurgisk indgreb.

Spræller og spræller – han er totalbedøvet, og de skal stå i fire timer og fjerne metastaser fra hans lever.

Dédé hedder egentlig André. Franskmænd elsker at lave folks navne om, fordi de gerne vil have dem anderledes. Eller bare synes, de behersker dem lidt, når de selv navngiver dem. Det ser ud til at lykkes – de fleste med kæle- eller øgenavne bliver så meget anderledes, at de med tiden kommer til at ligne sig selv.

Dédé bor overfor i noget, der ligner et nedlagt redskabsskur, bare af store kampesten. Han er 67 og kalder sig selv alternativ rocker. Hans familie er fra Italien, forældrene indvandrede efter krigen og slog sig ned i Lorraine, hvor der var brug for arme og hænder i kulminerne; til at genrejse industrien, som man sagde.

Først blev han murer, siden altmuligmand – hvis det ikke var omvendt. Nu er han sæsonarbejder, plukker kirsebær og vindruer. Men han spiller også på guitar og synger, har været med i forskellige små grupper som ung; på det seneste er han begyndt at male.

Han har været gift, har flere børn. Vi ser aldrig nogen af dem.

Hvordan han havnede i Provence, ved jeg ikke. Jeg ved i det hele taget ikke ret meget om Dédé. Vi hilser, udveksler løs snak om vejret og hvad man ellers finder på; det er så det. Men han føler samtidig trang til at betro sig. Guderne må vide hvorfor.

Det var sådan, jeg hørte, han skulle opereres i dag. Kirurgen skal skrabe metastaser af, men hvis leveren nu ligner en gammel kartoffel med "pletter", der i virkeligheden er trængt dybere ind i, ender det med, at halvdelen af den lever bliver fjernet. Kræften begyndte i prostataen, spredtes derefter ud i flere organer. Det ved Dédé godt, men han vil helst glemme det. Han er i det hele taget meget optimistisk. Når han optræder rundt omkring ved private fester eller landsbyens sommerhalløj, lyder stemmen som et knirkende hjul på et lyntog; han lægger den bevidst op i David Bowies værste leje. Så kan det ikke blive mere moderne.

Under bedøvelsen ligger Dédé sikkert og synger. Hans tanker flintrer så rundt i alle retninger. Måske dukker hele hans liv op i flyvende brokker, det siger man jo, der sker, når man skal dø eller bare er bedøvet – som også er en slags *Fin de partie* eller Slutspil. På en måde har han taget mig med på vognen.

Da jeg var ved at få læst hele SK, var jeg klar over, at der manglede noget. Jeg vidste ikke hvad. Det var det, Dédé fik på plads: de flyvende brokker i mit eget liv skulle afprøves med den målestok, jeg havde siddet ved siden af brændeovnen og kæmpet med i de måneder, hvor de tyve rustrøde bind gled ned et for et, og første del af teksten her blev skrevet. Under den egentlige spærretids første halvleg.

Hvis det er alvor med at spørge, hvad SK har betydet for mig, må det også undersøges, efterprøves. Selv om foretagendet selvfølgelig kun kan blive rent teoretisk. Som noget i retning af en *eftertanke*.

Jeg har derfor valgt nogle afsnit i mit efterhånden lange liv, som jeg vender tilbage til i lyset af min opfattelse af SK – i et forsøg på at forklare, i al fald for mig selv, hvorfor det gik som det gik. Eller snarere om det kunne have været anderledes; på de indre linjer forstås.

Det hedder som bekendt hos ham at *forstaae Livet baglæns*.

Endnu mere bagvendt kan man også se de følgende sider som en illustration til SK's verden, en nutidig levendegørelse af hans tanker gennem eksempler fra en erfaret tilværelse, hvor nogle af hans begreber og analyser afdækkes gennem begivenheder og situationer fra en levet eksistens.

Det lyder nok lidt anstrengt, en anelse patetisk. Især når man husker, at SK hverken belærer, rådgiver eller i det hele taget har nogen divan til patienter. Tilgiv mig, hr. magister!

Der ligger 86 år bag mig, så der er nok at tage af. Vi glemmer alt om hukommelsens indlagte fejlere og forskydninger, tendensen til at rosenfarve – eller svære til! Vi springer op og falder ned på virkeligheden (den personligt erfarede eller den "virkelige") og menneskets naturlige hang til illusionsmageri; vi sorterer jo, fremhæver og (for)dømmer. Det hedder også frihed.

Efter et par minutters moden overvejelse slår jeg ned på mine to ægteskaber, tiden i Paris som mediefigur, adoptionen af vores fire børn, V. og vores rygsækrejse rundt i Mandelas Sydafrika.

Meningen er at genoplive *valgsituationer* med SK's menneskesyn i baghovedet. Det menneske, der er tale om og som taler her, er stadig "hiin Enkelte"og "Min Læser", det vil sige mig, uvægerligt mig, hæftet op i tyve små bind. Tyvebundet!

*

Vi gik i gymnasiet sammen på Christianshavn, hun et par klassser under mig. Ud over det var hun i klassen over. Det skulle vise sig at være et problem. Men lad os prøve at overholde faserne.

Da vi mødtes, var vi begge i gang med studiet, hun havde valgt teologi (som hendes far, onkel og senere lillebroderen), jeg studerede historie – eller var jeg endnu i rusårets filosofikum hos Himmelstrup, jeg har glemt det.

Hun havde ikke som jeg været journalistelev i tre måneder på "Middelfart Venstreblad" og derefter tilbragt 16 måneder i flyvevåbnet, derfor holdt hun allerede til på det teologiske fakultet i

Studiegården, stueetagen, da jeg begyndte på 2. sal hos de histo-riestuderende.

Vi fulgtes ad en lørdag aften fra Studenterforeningen, gad vidst om ikke det var den, hvor Rifbjerg vendte ryggen til salen på ta-lerstolen og vrængede, at jo da, det passede, han var en vred ung mand: *Look back i anger!*

Efter foredraget var der bal, pænt og ordentligt, pigerne var i plisserede skørter til under knæene og hvidt bluseliv med små bryster i trange skåle. Vi må have danset en gang eller to. Hun havde bundet sit mørke hår op i hestehale, øjnene havde det med at flintre til alle sider. Det husker jeg. På en af siderne stod jeg så.

Jeg var lige flyttet ind på Vartov kollegium omme bag Lurblæ-serne – trods det, at jeg hverken var i familie med Grundtvig eller læste teologi som de andre *alumner*. Et af de ord, murersønnen fra Amager fik lært i en fart.

Kort sagt, vi begyndte at komme sammen, kissemissede, men heller ikke mere. Ved mit første besøg i hendes mahognihjem bag Nationalbanken var jeg benovet og betaget – dum som et bræt.

Faderen var sognepræst og doktor i Luther, moderen generalsdat-ter – og så sad de alligevel i den hestehårsbetrukne sofa og smilede til sådan en som mig! Det kunne kun være det argeste hykleri!

Sådan tænkte jeg – men smilede bare tilbage. Da der en dag lå en sølvservietring (Arne Jacobsen) på min plads, lod jeg som om, jeg blev glad. Jeg har den guddødemig endnu!

Det var et indeklemt socialt had, iltet af undermenneskeinstink-tet, der her blev pustet til. Had til de mennesker i deres ophøjede verden. Men i grunden mest had til mig selv for at hade dem. Socialforræderens indadvendte had.

Det var ikke nogen god begyndelse, bestemt ikke. Efter et års tid blev vi alligevel forlovede. Hun måtte gerne besøge mig på Vartov, men skulle være hjemme senest klokken 22. Fatter stod med lommeuret i entréen. Vi havde kun lige kysset og krammet, jeg husker ikke en gang, om vi lå ned; i så fald med tøjet på. Det styrkede altsammen mit trangbrystede had.

Men trods den hidsige far, trods lillebroderen, der lagde op til at blive løjtnant i hæren, trods, trods og trods blev vi sammen. Det var jo os og ikke de andre, det handlede om.

Det hele går ud på at forklare, at da vi ville giftes, var det mest for at få gjort en ende på den forlovelse. Hendes forældre forstod, at der ikke var noget at gøre, og faderen gik i gang med at kontakte sine forbindelser på Rådhuset, så vi kunne flytte ind på en femtesal i Tordenskjoldsgade; vi må have sprunget mindst 50 berettigede ansøgere over.

Jeg bed i mig, hadede videre, men tog i mod. Og afbrød studierne nogle uger for at sætte lejligheden i stand.

Der er sådan set ingen grund til at gå videre her. Fra dag et var vores forehavende en fejltagelse. Bevares, vi kunne da lide hinanden, vi talte godt sammen, vi bildte os ind, at vi elskede hinanden, det gør unge mennesker. Mest fordi, de ikke aner, hvad det betyder. I virkeligheden fik kærligheden ikke en chance. Vi blev aldrig for alvor venner.

Den egentlige grund til, at vi blev gift, var på hendes side et rebelsk behov for at befri sig fra det hjemlige kontroltårn og slå gækken løs, og på min et lige så ubændigt ønske om at bestige den sociale elevator, få foden indenfor, vise, at jeg havde mandsmod og evner til at gøre mig gældende.

Som ung fra "arbejderklassens intelligensreserve" var jeg udstyret med ambitioner og en jernvilje til at bane mig vej, komme indenfor i varmen. Læg hertil visse anlæg og en voldsom, mestendels indbildt selvtillid – foruden en indædt fornemmelse af ligefrem at have ret til at bruge albuerne.

Det var uhyrligt. Jeg troede det var normalt. Det var også selvmodsigende, for hvorfor absolut ville indlemmes i "den finere portion", hvis man i virkeligheden hader den, ja foragter den?

Den modsætning gik jeg let hen over dengang, i sagens elendige tjeneste, men den kom til at ligge som et svende sår langt nede under huden. I det lange løb gjorde den has på min selvrespekt. Jeg følte mig inderst inde luset. Men uden at vide hvorfor.

Alting indtil da, alt hvad der lå bag én, familien, gaden, den sociale ramme blev svigtet, forrådt. Man var ikke så lidt af en nar.

Sagen var, at jeg ikke tog mig selv alvorligt. Jeg snød mig ind på noget, jeg troede var livet – og som var lutter illusion. Hverken kærlighed eller noget andet, kun spilfægteri.

De fjorten år, der fulgte, kunne kun blive ned ad bakke, surrogat; hun snød mig lige så meget som jeg snød mig selv, vi snød hinanden, vi snød os selv, ja vi – eller skal jeg hellere nøjes med at sige jeg – snød selve livet. Det hævner sig.

(de må være ved at skrabe den lever ren nu, ikke som før i tiden efter at have skåret maven op og lagt indmaden ud på et skærebræt, men ved at bore en tynd kikkert ned med instrumenterne og gøre det hele på skærme; Dédé er langt væk og samtidig lige for hånden, meget praktisk ... når han vågner, har jeg sagt, han skal læse Rilkes "Brev til en ung digter", som jeg gav ham i går, idet jeg sagde, at alle der vil være kunstnere skulle kende den bog, og det ville hjælpe ham tilbage til livet; han grinede genert)

Når man først er begyndt på noget uden at være ærlig, i det mindste overfor sig selv, er det ligegyldigt, hvad man finder på, det kan ikke rettes op. Kun fejes ind under gulvtæppet.

Man kaster sig ud i livet (som de siger), får en travl hverdag, noget går fint, andet skal bare ignoreres, jo flere projekter, jo bedre, jo mere faren omkring jo finere ser det ud.

Efter nogen tid normaliserer vanen og omdømmet, hvad der i grunden er en rådden brønd. Man lader som om, og gør det så godt, at man selv ind i mellem tror på det. Det er også det nemmeste. Når den anden skejer ud, skejer man selv. Lige for lige. Og ellers skal man bare holde masken.

(ved at skrive det her hører jeg allerede genklange af skrifterne, det er ikke langt fra, at jeg staver visse af ordene, som han gjorde; noget andet er, at det er et stift stykke at optræde som vidne til sig selv og sit liv, som meditationen byder, ikke mindst når man oprigtigt har besluttet sig til at sige tingene, som de er, ikke sno sig udenom; kan man i det hele taget sige noget troværdigt om sig selv, jeg er ikke sikker; så langt henne som jeg er i "den tilmålte tid", er man også fuld af indtryk – og udtryk – fra alle sider; hvor meget af det er nu én selv, hvor meget kun indlærte fraser, fastlåste formuleringer, banaliteter fra den mentale skrammellegeplads, tanker, der sommetider bare er – tankestreger?*)*

Da vi endelig stod med ryggen mod muren, havde vi adopteret fire verdensbørn og boet i Paris nogle år. Men der var ingen vej udenom. Krukken var nu ikke blot hanke- men bundløs. Det virkede nærmest befriende for begge parter at skilles.

Forude vinkede den forbandede frihed. Som måske kunne bruges til at vinde en strimmel ærlighed ind. Jeg var lige ved at sige en smule alvor.

*

Efter fem år som døgnflue i Paris var det forbi. Det var sjovt, det med at korrespondere franske ting og personer hjemover fra en 120 kvadratmeter stor lejlighed på Saint-Germain-des-Prés. Der var tryk på.

Det var mindre sjovt at se vores "falskskab" gå op i limningen.

Udadtil var man den raske reporter, de Gaulle fik ikke for lidt, fransk politik dyppet i et autoritært regime med folkelig opbakning – det var i sig selv oplevelsen værd. Men inde i monsieur, op og ned ad *Inderligheden*, så det mere broget ud.

Dengang var al dansk tv og radio statsejet, der var endnu ingen konkurrenter. Som den udsendte i en by som Paris var det svært ikke at komme i popularitetens projektørlys. Der var glans over jobbet, man blev jo nærmest udnævnt til "monsieur France".

Det kildrede. Men så heller ikke mere; i den franske hovedstad eller rundt om i landet, når vi kom der en sjælden gang, var det omvendt: Hvadbehager, dansk radio- og tv? Vi kunne lige så godt have været fra Transsylvanien.

Under ferieophold i hjemlandet – eller tjenestebesøg i TV-byen – mærkede man til gengæld, at man var i vælten. En der kom de rigtige steder. Nok til at tro, man betød noget, var nogen. Det var svært ikke at lade det stige til hovedet. De skrev også om én i aviserne. Min mor fik tårer i øjnene – hun så hvert sekund af mig på skærmen.

De år i Paris *forledte* mig. Jeg forvildede mig i et slags pseudoliv. Man så ud som en forkælet, var en forkulet. Ungerne myldrede på parketgulvet, Volvoen stod i garagen, byen var en fantastisk udfordring, alting så ud til at lykkes.

Fruen gik i kvindefrigørelsesdemonstationer, hvor det føg med brystholdere; hun fik en vennekreds af frigjorte, franske kvinder. Hun levede livet, det var lige efter 68; midt i efterveerne, hvor feminismen kom rigtigt i gang.

Så strygende gik det altsammen, at hjerteløsheden og kulden på hjemmefronten kunne kamufleres, sådan da, en tid lang. Uroen lå som en understrøm, men blev holdt nede. I virkeligheden var man (vi) et stand-up sammenbrud.

Indtil jeg en sen aften, uden for programmet, kom tidligere hjem fra nogle optagelser i provinsen og dårligt kunne komme ind i lejligheden for larmende, fremmede mennesker. Hendes venner.

Det selskab af mig ubekendte personer, der hujede mig i seng, blev den bekendte dråbe. Den gik ikke længere. Resten er opgøret og opgørelsen, forunderligt ulidenskabeligt; vi delte alt det, vi aldrig havde delt, herunder børnene, to til hver, lige som malerierne og sølvtøjet.

Hun tog hjem til Danmark, til et andet liv, jeg skulle til Provence, så langt væk som muligt, til noget, jeg helst ville tro, skulle være mit nye liv. Den sidste dag i Paris sad jeg i den store, tomme lejlighed omgivet af papkasser og ventede på flyttevognen. Jeg kunne ligefrem høre filmrullen hakke sig gennem apparatet.

Min absolut ringeste reportage. Da jeg for sidste gang trådte ud fra rue de Rennes nr. 64, Paris-6e, omfavnede jeg vores spanske portnerkone, der stod parat med hjemmebagt kage og en tåre i øjenkrogen.

Den historie er selvfølgelig langt mere indviklet, mere nuanceret end jeg skildrer den her, hvor den af gode grunde udelukkende er set fra min side. Men jeg har kun brug for at skitsere en udvikling, hvor de modstridende kræfter, der var vores hemmelige bagage fra begyndelsen, omsider vandt. Kræfter, vi ikke tog os i agt for – eller som vi troede, vi havde under fornuftens kontrol.

Hvis det ikke var for tidligt, ville jeg sige, at jeg helt og holdent levede i det æstetiske.

Man kan gå til biddet i denne verden, fremstå som en succes, bryste sig og råbe hurra samtidig med, at man for længst er død.

På den måde var Paris ikke kun en fest. Hvad der burde, eller kunne, være blevet tilbage som møder med inspirerende mennesker, fængslende knoklearbejde med at forklare indviklede franske forhold i få ord og billeder, i det hele en frugtbar læretid, et skub i retning af at få et ærligere forhold til sig selv og omverden, blev spildt i fjollerier og udenværker. Den opslidende fornemmelse af igen en gang at komme for nemt om ved det. Stort set ingen oprigtighed, alt på overfladen. Rollespil, bobler der sprak.

Jeg kom ud på den anden side med åndenød. Men mærkeligt nok endnu ikke moden til, skønt næsten 40, for alvor at få alvor ind i min eksistens. Kun opsat på at overleve på andre vilkår; det var dog altid en begyndelse.

At resten stod i de tyve små, røde bind, jeg fik med mig, det anede jeg ikke.

Vi (to af børnene og mig – foruden hunden) kom til at sidde i et monster af et forfaldent hus i en lille provencalsk landsby, som vi nærmest squattede, uden tv, uden telefon, uden løn. Uden alt det indlysende. Navnlig uden at ane, hvor vi egentlig var havnet. Alting skulle begynde forfra.

(måske skal jeg lige minde om, at jeg ikke er ved at skrive mine erindringer – jeg er klar over, at det ligner noget i den stil; men nej, jeg forsøger at udskille, hvad der omkring bestemte hændelsesforløb i min fortid gik skævt og hvorfor, hvad der kunne have set bedre ud, være blevet oplevet ægtere, mere intenst, mere ansvarligt (og ikke kun af mig) – hvis jeg havde haft bare nogle rids af SK's visdom i underbevidstheden; det bilder jeg mig ind i dag, men er det også bare en illusion?)

Set fra Frankrigs geografiske underdel fremstod årene på nyhedsfronten i Paris som en sær isoleret knude. Kunne det virkelig passe, at jeg havde levet sådan, at vi havde orket at leve sådan?

At jeg havde drevet folk, herunder mig selv, til at tro, jeg var den selskabsherre, den midlertidige journalist, der tog arbejdet som en leg, morede sig over tilværelsens omskiftelighed, franskmændenes overfladiske dybde og deres småsvindlernatur?

(i byernes by, hvor "der er Vand nok i Seinen og Krudt i Kramboden og Reiseselskab til enhver Tid af Dagen" … som vi ved)

Hvad der efterhånden udkrystalliserede sig var, at jeg endnu en gang havde ladet mig nøje med at færdes "ved siden af". Ved siden af mig selv, ved siden af det egentlige, ved siden af *muligheden.*

Jeg var sprunget på karussellen, havde taget alle rundturene med – men med et bedøvet, stumt indre, kun en vag fornemmelse af den pagt, vi alle er underlagt: at stræbe mod at være os selv. Som et nogenlunde helt og sammenhængende individ.

Rollen som ægtemand, far, korrespondent og hundepasser optog mig fuldstændigt. Der var ingen tid til at lede efter indre overensstemmelser eller en eventuel mening bag. Hvis en sådan da fandtes. Hverdagen sprøjtede af sted. Nu sad jeg tilbage med smerten. I form af frihed – en uvalgt.

Den får som regel det sidste ord – indtil der kommer en kvinde forbi, der er lige så langt nede, og man slår kludene sammen. Der er ikke noget andet ord for mit andet ægteskab, der varede et år – en fjortendedel af det første.

Nu virker den historie nærmest grotesk. Men efter ti års landlig tilværelse som far og mor og vindbårne forhold til skiftende, kærlige kvinder, var jeg plukkemoden.

Vi slog som sagt kludene sammen; det var nu nærmest laser. Det var så tåbeligt, at jeg ikke kan få mig til at fortælle mere om den sag.

Jeg kom ud af den med et lettelsens suk. Et par skrammer hist og pist, men ikke så slemme som hendes. Hun kørte galt på en lille grusvej og slog ansigtet ned i rattet. Lignede en fra skyttegravene i 14-18 som hun kom vaklende tilbage til huset med smadrede kæber og de fleste tænder i den ene hånd

Kort tid efter tog hun sin stuepalme, sin hund, sine børn og sit gode tøj og flyttede hen til en veninde. Vi havde aldrig haft andet fælles end vores fortabthed, kun fortvivlelse at byde hinanden på. Jeg stod tilbage med en kulsort samvittighed over ikke at have gjort mere for hende efter ulykken.

Kærligheden kan man ikke bare opfinde – og den er hverken medfølelse eller opofrelse.

Nu kunne jeg finde på at kalde affæren en dum gentagelse. Dengang kunne jeg kun bide dagene i mig, føle mig utilstrækkelig.

*

Sådan at vende tilbage til gerningsstederne kan nemt ligne klynkeri. Hvor var det synd for stakkels mig!

Hvis det virker sådan, har jeg udtrykt mig forkert. Det er faktisk lige omvendt: tingene dengang forløb over forventning, ingen tvivl om det. Man klarede jo pynten! Men det var samtidig en sinister komedie – som hovedrollens indehaver selv bar ansvaret for.

Hvis han klynkede i dag, hvis han forbarmede sig over sig selv, kun sad og fortrød bittert, anglende efter medfølelse, trøstekude, ville han bare svigte videre, krybe udenom, forråde sig selv – gøre grin ad alvoren. Alt det sagte ville være usagt eller endnu værre, undsagt.

Indvævet i almenlivets glæder og genvordigheder, med virkeligheden kækt på snur, forsømte jeg det væsentlige: at udfylde min personlige del af menneskeligheden, handle i og af kærlighed. Afvise al spøg der ikke var alvor.

Det er store krav at stille til sig selv, men samtidig de eneste gyldige. Har man levet ved siden af, aldrig haft nogen mening på livet, hjælper det ikke at klynke bagefter, på falderebet; det ville også være uværdigt og kaste et usselt skær over det skete. Som burde have efterladt en mere afbalanceret bundlinje. Lidt mere sjælsro.

En "fransk klovn" er en latterlig figur, der hele tiden dummer sig, mere eller mindre med vilje. Men hvis han får nogen til at grine og føle sig tusinde gange klogere, er han ikke helt forkastelig, ikke helt forgæves! Jeg kan se ham for mig, når han med trutmund udbasunerer, at "alt har en ende – og alting er nyt".

I Paris og det provencalske efterspil (der pågår den dag i dag) var den franske klovn – som klovne skal være – en henrykt, ulykkelig dreng. Der end ikke anede, hvor dialektisk han var indrettet, hvor meget han sprællede i modsætningens grundregel. Bare ved at være til.

16 Vores private immigrationscenter

Vi skal have seks! Jeg kan høre hende endnu. Efter min mening var de fire, vi stod med, nu nok. Derved blev det.

Aldersmæssigt lå de tæt på hinanden, to piger og to drenge. Med tiden blev de et godt indarbejdet team. Søskende var de ikke, de kom fra hver sit land – men de blev det på en forunderlig måde.

Først senere forstod jeg, at de egentlig havde mere at dele end "rigtige" søskende, der ofte trækker i hver deres retning, når alting er på plads fra begyndelsen.

Vi adopterede dem og de adopterede hinanden. Derefter os.

I dag er de på min side af de 50, de holder sammen, hjælper hinanden og er ikke forsvundet ind i hver sit familieliv – selv om tre af dem har etableret et sådant.

De bor i Danmark, afstanden gør, at jeg kun sjældent ser dem. Jeg ved, at de er der, jeg får billeder, mails og telefoner. Men, indrømmet, jeg er ikke altid sikker på, at de ved, at jeg er der; hvad jeg ikke kan bebrejde dem!

Jeg har rundt omkring skrevet en del om adoption og deltaget i den offentlige debat. Her taler jeg udelukkende om de træk ved vores adoption af de fire, som med årene skabte tvivl i mit sind. *Havde vi lov til at gøre det?*

Dengang (1970'erne) var adoption fra fjerne lande endnu ikke business. Det blev i almindelighed, det vil sige af de involverede voksne og af opinionen, betragtet som en indlysende god gerning.

Man reddede, om ikke verden, så nogle børn, der på den ene eller den anden måde var forladte af gud og hvermand. Børn hvis fremtid tegnede mørkt – om der overhovedet var nogen.

Når det samtidig indebar, at et barnløst par kunne blive til en *familie*, var der ingen ende på harmonien. Det var ren gevinst til alle sider.

Vi to voksne var stensikre på, at de børn var bedst tjent med at ende i armene på os. Rent fysisk var det indlysende for de to drenge, der henholdsvis i Danang og Stuttgart havde været "lagt tilside" i flere måneder på henholdvis et kloster og et sygehus. Med minimal kost, pleje og omsorg. De så ikke for godt ud, da de kom frem, hovederne dinglede, maven var en oppustet ballon.

Af pigerne kom den ene fra Andesbjergene (Venezuela), mens den anden var vokset op på et børnehjem i Pusan, Sydkorea. De var begge ved godt helbred. Den ene tilbragte inden afrejsen fire måneder hos vores danske venner i Caracas, den anden var 5 år og havde alene derved bevist sin levedygtighed.

De skulle såmænd bare have lidt kærlighed!

Hvad der egentlig foregik i de barnesjæle, vi således fik omplantet, kunne vi ikke vide noget om. Helt ærligt, det interesserede os ikke. Eller ikke nok – det indser jeg i dag.

Det drejede sig hovedsagligt om at give dem sul på kroppen, få dem gjort trygge og glade der, hvor de nu var, give dem en ny start, et godt liv. Vores naturligvis, hvems ellers? Alt det forekom os soleklart – om ikke altid lige enkelt. Det var bare med at gå i gang.

I dag virker det en lille smule vovet, for ikke at sige ubetænksomt, næsten absurd, i den grad at have overset de psykiske følger af at indpasse et barn i radikalt andre omgivelser.

For barnet, selv om det kun er omkring 1 år (som de tre af vores), er det et drastisk brud at blive sendt om på den anden side af jorden, hvor det *mir nichts, dir nichts* får ny far-og-mor. Uanset de forhold, materielle såvel som immaterielle, barnet levede under i sit fødeland. Uanset de nye og ukendte, det skal tilpasse sig som adopteret.

Det er det *brud*, der nu i nogle år har pint mig.

Når man tænker på sammenhængen mellem stedet, hvor man fødes, mellem den menneskekæde, der har fremstillet, rummet og videregivet ens genetiske og åndelige bagage, mellem noget, vi kalder et lands eller en verdensdels kultur og traditioner, mellem sproget, et bestemt klima, lyset, duftene og lydene ... og det barn, der "kommer ud af det", bliver det en alvorlig sag at fremkalde det brud.

Det er meget, meget mere end moderen (og faderen), man klipper ud af billedet, det er en lang historie, som jeg her vil nøjes med at kalde *rødderne*.

Så omfattende og så uoverskueligt i sine yderste konsekvenser er det brud, at det bliver betimeligt at spørge sig selv, om det var i orden at fremkalde det.

Hvordan det end går den lille i livet, vil det oprindelige brud altid findes som et dybtliggende sår; måske heler det, sandsynligvis heler det. Et ar vil der altid være. Vi taler i virkeligheden om en form for amputation. Det nye liv er en protese.

Jeg er ikke psykolog, ikke ekspert i resiliens, i menneskebarnets forunderlige evne til at tilpasse sig, jeg har ingen særlig indsigt i forholdet mellem arv og miljø. Kan kun se med mine øjne og høre med mine ører.

Og jeg når til den foreløbige konklusion, at en fjernadoption kan forstyrre eller forvanske barnets følelsesliv. Det mister tilliden til de voksne – og i nogen grad til sig selv.

"Hvem er jeg", kan vi fortænkte, velforankrede bedsteborgere godt lide at spørge. Den adopterede er lige så nysgerrig, spørger ud fra det samme behov for at "overtage sig selv". Men han eller hun, alle dem med lige det brud bag sig (i sig), har ringere udsigt til at finde et bare nogenlunde dækkende svar, til at løse den eksistentielle opgave, det er at være eller blive sig.

Der mangler noget fundamentalt bagude. Det bliver et indviklet detektivarbejde.

Den medfødte, umiddelbare afhængighed af en mor (og en far) er en grundbetingelse for det lille menneskebarn. Det kan man godt mene uden at give efter for ildelugtende vitalitetsprincipper! Det er den omfattende, fundamentale *afhængighed*, der gør barnets opvækst til et spørgsmål om tillid. Det *kan* ikke andet end nære tillid! Det er fuldstændig hen- og overgivet til kvinden, der sætter det i verden. Det sutter og har tillid. Dets eksistens bæres fra første stund af lige den tillid.

Adoptionen trækker brutalt forudsætningen for den tillid væk. Efter at moderen måske allerede er gledet ud af barnets liv. Resten af tilværelsen skal barnet gå linedans på tvivl og usikkerhed: hvem kan jeg stole på? Nogen overhovedet? Mig selv?

Hele tiden og hver dag skal den bortadopterede erstatte den oprindelige, medgivne og indlysende tillid med en tillært, en der – hvor glimrende tilværelsen ellers arter sig – bestandig skal fornyes som en anden kontrakt, bestandig sættes på prøve. Dilemmaet kan også formuleres som individets mangel på sammenhæng med fortiden, sin egen – og sine nyerhvervede omgivelsers.

I "sin egen fortid" taler vi tilmed om den vigtigste del af den, nemlig begyndelsen. Det barn, man fjerner fra dets ophav, bredt forstået, skal leve med den mangel, det brud. At få dette indpasset i sit "forfra-liv" er det bestandige, voldsomme krav.

Sagt sådan lyder det måske ikke alt for dramatisk. Hvem af os stuver ikke fortiden helt eller delvist til side, hvem "lever ikke i nuet", hvem ser ikke fremad? Men her er "hvem" jo alle os uden lige den mangel, vi taler om her! Vi kan se stort på fortiden, når det passer os – den vil eller kan aldrig mistes, den render aldrig fra os. Den kan kun "glemmes", midlertidigt. De fleste af os har den dagligt for øje.

Jeg kan ikke bevise, at det jeg siger her, er rigtigt. Det er egentlig bare noget, jeg tror. Men hidtil har heller ingen kunnet overbevise mig om, at det ikke passer. Vi bevæger os på et område, hvor eksperterne er uenige. Hvor hver naturligvis har lov til at mene, hvad han eller hun vil. Eller kan stå inde for.

Men hvad er så i grunden min "pine" i den forbindelse? Hvad går mere konkret "anklagen" mod mig selv ud på?

Jeg (vi tør jeg ikke længere sige) skulle have været mere opmærksom på det brud, på dets art og følger. Skulle have gjort mere for at få samling på det splittede, afhjulpet manglen, bødet mere bevidst på den, netop den.

Bare så meget, med et par planker og lidt reb, at gangbroen førte over den hvirvlende strøm, forbandt bredderne.

M. adopterede en lille pige fra en tidligere fransk koloni i Vestafrika. Hun var enekvinde, arbejdede dernede, da en afrikansk familie på stedet spurgte, om hun ikke ville "tage B." Det ville hun gerne, hun adopterede barnet på stedet. Som den nye mor var hun i barnets øjne i nær kontakt med familien, ikke noget decideret fremmedelement.

Sidenhen gjorde M. alt, hvad der var muligt for at holde forbindelsen med barnets baggrund og familie ved lige. Hun kom til at arbejde flere forskellige steder i verden, og B. voksede op som en verdensbevidst pige.

For nylig var de her. B. er nu 25, hun står sikkert plantet på fødderne – og så flot et smil har jeg aldrig set sidde så højt oppe.

Jeg ville ønske, vi havde gjort noget i den retning for vores. Det er rigtigt, at de var fire, at vi fik dem under helt andre omstændigheder, der gjorde, at deres biologiske forældre altid har været ude af billedet, at deres lande er meget fjerne, osv. At det rent faktisk ville have været besværligt – og dyrt! Vi fik dem jo nærmest i "en bunke" og havde nok at gøre med at få deres hverdag – og vores – til at ligne noget delvist normalt.

Alligevel. Der var en skævhed, noget forvredent, i vores grundindstilling, noget uoprigtigt og i sidste ende uægte. Det var lige der, mit problem blev anlagt: vi skulle med "vold og magt" ligne andre børnefamilier.

Det var lige så indlysende som dagen følger efter natten, at de børn efterhånden ville blive vores – og ikke alene fordi, de fik vores (mit) efternavn.

Tiden og den gode vilje ville få os seks fremmede mennesker kittet sammen, det var sikkert og vist. Vi, de voksne, rådede over den styrke og de evner, der ville få os allesammen til at ligne en familie, ja, *være* en familie. Andet faldt os end ikke ind.

Var det selvovervurdering, en form for blindhed, de gode viljers runddans med sig selv, mere eller mindre bevidst skævvridning af virkeligheden? Eller bare sådan som dagene og samfundet nu ville det?

Jeg ser bort fra, at ingen dengang kunne forestille sig, at de børn en dag som unge mennesker og voksne uden påfaldende skandinaviske ansigtstræk skulle færdes i et ellers civiliseret land, hvor den "lille racisme" (foruden den noget større) trives på bedste beskub.

Det yndige, sorte barn med Angela Davis krøllerne, som velmenende parisere i Luxembourghaven havde dikket, kunne ingen vide ville blive spyttet på tyve år senere i de københavnske busser.

Eller ustandseligt skulle svare på spørgsmålet "Hvor kommer du fra" – når han da ikke mere kontant bliver bedt om skrubbe hjem til reservatet.

Hvis man forud kendte konsekvenserne af sine handinger, ville man sandsynligvis aldrig sætte noget i værk. Aldrig foretage sig andet end at æde og drikke, til nød lufte hunden og spille kegler. Endda uden at vide hvorfor.

Der er ikke noget at fortryde. Sådan er livet ikke. Hvis man bagefter påstår, at man skulle have ladet være, roder man sig bare ud i noget, der er værre. Hvad man gjorde i bedste mening, kan komme til at tage sig forkert ud senere. Det er næsten normalt.

Det eneste at "fortryde" er, at man ikke for alvor forsøgte at se tingene ud fra en anden synsvinkel. Først og fremmest forstå, at barnet inderst inde undertrykte et eksistentielt drama, og at den i sig selv smertelige omstændighed tvang det til at anlægge diger omkring en del af sit følelsesliv. Til at gå rundt med en borende uvished, til at blokere for den, indtage en permanent forsvarsposition.

Vi var to voksne, der ikke kunne få børn sammen og derfor tog dem. Familie skulle man være, selv en håndlavet. At den i løbet af nogle år løb på grund var dybest set ikke så mærkeligt – den havde jo aldrig eksisteret.

Men så voksne var vi ikke, at vi til bunds forstod eller forsøgte at leve os ind i børnenes situation, den mangel, de rejste med. Deres store *indvortes* sår.

Vi blev tilmed skilt og skilte dem. Med samme ret som vi havde ført dem sammen, det vil sige vores egen indlysende. De bevarede alligevel sammenholdet! Det er underet.

Det her er hverken selvpineri eller teatertorden. Det er mit forsøg på at sætte lys på visse ting, omsider. Hvad det tjener til, om det overhovedet gør det, skal jeg ikke kunne sige. Men også på det område – der trods alt involverer flere andre menneskers liv – er det vist på tide at forsøge sig med lidt oprigtighed. En smule alvor. Om ikke for andres, så for min egen skyld. Ellers er jeg bange for, at SK bare har været tidsfordriv.

Så vi adopterede og de fire adopterede også os. Så vidt, så godt. På bunden var vi vildfarne.

Ind i mellem tænker jeg, at det rent faktisk er det dominerende familiemønster, selve begrebet og den historiske kendsgerning *familie*, entydigt opfattet, der står i vejen for at se klarere og mere redeligt på begrebet *adoption*.

Familieopløsningen i kølvandet på de mange skilsmisser (halvdelen af ægtekaberne) kan ganske vist se ud til at gøre en ende på den traditionelle familie og dens værdier, men det er kun i det ydre.

De sammenførte familier, der vokser ud af skilsmisserne, adskiller sig i bund og grund ikke fra familien fra før. Den skal fungere efter de samme, gamle principper og værdier. Den tillægges de samme kvaliteter. Nissen flytter med.

Sammenbragte børn og papforældres hele adfærd går ud på så vidt muligt at genoptage, hvad der blev kørt i sænk. Idealet har reddet sig nogle skrammer, men lever endnu. Samfundet og lovene er stadig indrettet på, at familien er et lands sociologiske og moralske grundlag, den givne ramme omkring privat og offentlig sameksistens.

Familien opbygget omkring generationernes fællesskab opfattes som en garant for en vis samfundsform og dens videreførsel. Den er et nationalt gode. Med den på Amalienborg som det samlende mønster.

Overfor den håndfaste tradition kommer al nytænkning til kort. Eller modtænkning. Familien er stadig hellig – også selv om hellighed er blevet umoderne.

Derfor er det også indlysende, at et par, der adopterer børn, nærmest som en selvfølge indretter sig på at blive og være en familie, den gode gammeldagse. Den skal ligne alle andre familier, man siger far og mor, mormor og morfar – og danser omkring juletræet.

Da vores familiebåd lækkede og sank, brugte vi som trøst den forklaring (næsten undskyldning), at vores børn så oplevede, hvad halvdelen af deres jævnaldrende måtte igennem: forældrenes skilsmisse. De var på den måde helt normale børn. Så skilte de sig heller ikke ud på det plan!

Det var ynkeligt – nærmest underlødigt. Og det beviste, at vi ingen steder var kommet med at skabe vores *særlige* familie på vores *særlige* vilkår. Sandhedens simpelthen.

Jeg tror i dag, at *adoptionsfamilien* skulle vove at være mere sig selv. Droppe den bevidstløse efterligning af den eksisterende familie og navnlig fremelske mere åbenhed og smidighed – et ærligere syn på den familie, der til syvende og sidst er skabt ud af den blå luft. Hvor i øvrigt mange gode ting går i svang!

Vi mangler at anerkende og "markedsføre" den *alternative familie*. Hvad der kan virke forbløffende i betragtning af, hvor mange af dem, der efterhånden findes.

Efter 68 fik vi "kollektivfamilien", hvor alle antog det samme efternavn og fik christianshavnsk medbestemmelse. Tiden er inde til "adoptivfamilien" på egne og frimodige præmisser. Når det nu skal være.

Det er jo ret beset en helt anden og ny "familie", vi taler om. En der *fra begyndelsen* er sammensat af ikke-relaterede elementer, en hvor far og mor aldrig har været og aldrig bliver andet end "pap".

Hvor det bliver så meget mere prisværdigt og nødvendigt, at alle de "medvirkende", herunder pap-bedsteforældrene, erkender og hviler i tanken om at udgøre en ganske særlig blanding: nogle vildt fremmede mennesker, der skal lære at elske hinanden – og faktisk kan det.

Men når samfundet, lovene og traditionen byder noget andet, kan det så lade sig gøre? Foreløbig, og kun, på de indre linjer. Vi kunne begynde med at *tænke* anderledes, forstå dybere. Befri os for visse traditioner, i al fald inde i hovedet. Bevidst ville forhavendet anderledes. Vælge noget andet, en original model. Gøre familien "ikke-familie" til en virkelig og bevidst nyskabelse. Mere oprigtig og på sin bagvendte vis mere menneskelig.

Akkurat den åndelige og intellektuelle rustning er det, jeg gerne ville have haft mod og energi til at krybe i – og give videre.

Det lyder nemt – og så kan man ellers bare køre videre som før! Nej, det er ikke nemt at forkaste automatikken, kvitte sine for-

domme og det vedtagne mønster. At have øje for andre mulighe-
der. Selv når det foregår i sjælens diskrete dybder.
Det eneste sted, hvor noget væsentligt overhovedet kan ske.

De voksne kunne til at begynde med spekulere lidt mere på, hvor-
for de egentlig vil have børn – om det nu er lige dem. De kunne
også oprigtigt sondere, om deres par faktisk egner sig til flerhed
i en myldrende hverdag!

I al fald undgå den fælde, der består i, at man "redder et ægte-
skab" ved at blive en "familie".

Når de er sikre på at vælge rigtigt, kunne de to gøre sig klart, om
de vil skabe deres egen udgave af en familie eller blot gentage den
gængse, tilpasse sig normen, samfundets og historiens.

Det var alt det, vi glemte – eller slet ikke havde i tankerne. Vi
busede ufortrødent ind i klichéen. Vi (jeg) troede, at vi kunne
skabe en traditionel familie uden at tage hensyn til, at båndene i
vores tilfælde var og ville blive fundamentalt anderledes end i en
selvavlende familie. Vi kørte på rygraden, hverken øjnede eller
begreb de egentlig fantastiske udfordringer, der ligger i at slå sig
sammen med "den halve verden".

Vores lille private immigrationscenter fik aldrig lov til at vise,
hvad det egentlig kunne. Med os og de små; det beskæmmer mig
i dag.

Det var og blev uoprigtigt, ufrit, ikke rigtig alvor.

17 Husk at erindre (Sydafrika)

Der er noget skørt ved at betragte sit henfarne liv i lyset af SK's menneskesyn ; så at sige genopleve nogle "stadier på livets vej" med hans livsanskuelse tændt i loftet. Med hans fordringer og muligheder – hans veje og udveje.

Men jeg forsøger dog ikke at indrette mit nuværende liv efter noget, jeg påstår er hans "opskrift". Han skal ikke lægge navn til min opførsel nu og de næste tre dage.

Det er kun *bagtiden*, jeg taler om – et ord, jeg foretrækker frem for fortid; allerede som lille opfattede jeg fortid som tid *foran* mig.

Bagtiden står ikke til at ændre, men den er på den anden side heller ikke låst fast, den eksisterer jo kun som *erindring* – hvorved den bliver et dynamisk fænomen; det vil sige under stadig fortolkning ... eller gentagelse.

At huske og erindre er to forskellige ting: *erindringen* spiller sin rolle i vores nuværende liv, den bestemmer op til i dag efter hvilke kriterier, vi bedømmer tingene, hvordan vi opfatter verden og de andre. Hvad det er, vi kalder virkeligheden. Endvidere, hvad vi måske kan eller skal gøre for at ændre denne til noget bedre.

Det er gennem erindringens uvisse perspektiver, at vi i det hele taget fatter og opfatter, hvad der foregår rundt om os, herunder i litteraturen og kunsten – men i høj grad også i os selv. Hvad vi sådan går rundt og tænker eller pludselig kan få lyst til. Alt det bidrager erindringen til at fremkalde, udforme og give indhold.

Som erindring bliver bagtiden og dens overlevering således et væsentligt element i hvert menneskes dagligdag. Vi sammenligner hele tiden med noget allerede erfaret og bruger det til at bedømme, om det aktuelle så er værre eller bedre. Eller noget helt tredje. Erindring kan ligefrem være et moralsk ståsted.

Det at *huske* betyder bare, at visse personer, udtalelser eller begivenheder dukker op og stadig siger én noget – desuden om man endnu kan anbringe dem nogenlunde kronologisk, sætte en dato på. Det drejer sig om noget *hvad*. Kan du huske dengang, onkel Vilhelm smed kroketkøllen over hækken ind til naboen!

Men at *erindre* går på, *hvorledes* det skete er virksomt i din åndelige eller fysiske aktivitet for tiden, hvordan det endnu i dag er med til at forme dine tanker. Det er på den måde, at erindringen endnu betyder noget, stadig griber ind i vores tilværelse. Som det uundværlige bagtæppe.

(de sidste linjer bringer mig i en tvivl: jeg hverken husker eller erindrer i skrivende stund, om det med forskellen på de to ikke er en af SK's kæpheste – er det så, er her endnu et bevis på, at det læste har sine underjordiske gange, det har fæstnet sig endnu mere til neuronerne, end man troede)

Således med Sydafrika.

Vi havde kørt i 8 timer ud mod Atlanterhavskysten, gennem afvekslende landskaber, på øde stræk, i en tyndtbefolket egn.

På et tidspunkt kører en massiv truck med to mænd (hvide) om kap med os, de gestikulerer og råber, at vi skal standse. Det har vi ikke særlig lyst til og vinker dem af. De virker brovtende, faktisk lidt truende.

Så gasser de op og lægger sig lige foran os, vejen er ret smal og vores lille lejede Panda ville aldrig kunne smutte udenom truck'en.

De sagtner farten og tvinger os til sidst til at standse. De to kommer vadende hen mod os. De er i shorts og lange, hvide uldstrømper, de er lidt for fede, godt røde i hovedet. Den ene råber, at de vil hjælpe os med at finde et sted at sove, de kender nogen. Deres engelsk virker hollandsk.

Vi har ikke spor lyst til at indlade os med de to herrer, en af dem har en revolver i bæltet, den anden viser et par dåser øl frem. Da de er en halv snes meter fra bilen, ser jeg på V., hun nikker, og jeg træder på speederen.

Da vi stryger uden om dem, er jeg nogenlunde overbevist om, at den bevæbnede vil skyde efter os. Det sker nu ikke, de forfølger os heller ikke.

Det varede lidt, inden jeg holdt op med at ryste på hænderne. Vi trængte til et lille hvil, men turde ikke. Hvis de indhentede os, ville vi måske ikke kunne ryste dem af igen. Så vi kørte og kørte, til vi var fremme i en lille havneby omkring nogle guldminer – hvoraf nogle ligger ude under havet. Vi havde hørt, stedet var anderledes. Det var den slags, vi gik efter.

Men det var så også den eneste gang, vi var bange i de tre måneder, vi turede rundt i Sydafrika efter forgodtbefindende. Det var to hvide, der forskrækkede os.

Jeg har glemt at fortælle, at V. den dag var meget let klædt på i februars sommervarme, udsynet fra truck'en ned på Panda'ens passagersæde, var uhindret; venstrekørslen gjorde, at de kunne glo lige ned på hendes bare lår.

Men vi misforstod måske situationen? Det kan da godt være, de kun ville hjælpe et par turister, de mente var faret vild på en øde egn. Vi får det aldrig at vide.

Over hele Sydafrika følte vi os ellers trygge, også når vi sov i townships omme bag en larmende bar med en flok fulderikker, også når vi tog tomlere op eller gik rundt i de kvarterer, som de hvide – der kun kendte til sorte som husslaver – altid advarede os i mod.

Men dér, på vej ud mod guldhavet, blev vi rigtig bange, instinktivt.

Jeg kan næsten kalde det *angst*. Da vi endelig stod i hotelværelset, blev jeg "underlig" (V.s udtryk). Ligesom åndsfraværende, jeg "fablede" et par minutter, fortalte hun bagefter, temmelig forskrækket.

Det gik over, da hun havde kysset mig tilbage, og vi fandt ud af, at hotellets kvindelige ejer var en rig arving med en velforsynet vinkælder.

Den rejse med rygsæk i Sydafrika blev vores dannelsesrejse, det vil sige, en erfaring i det fremmede, der gjorde os mindre fremmede for hinanden. Vi var mødtes nogle måneder før, nu lærte vi hinanden at kende.

(Hvis nogen overvejer at flytte sammen og ligefrem mener, at deres forelskelse rækker til et fast forhold med fremtidsplaner, skal de først tage ud på en rejse sammen – så længe som muligt, et sted ude i den vide verden; en rigtig rejse, hvor man hele tiden skal blive enige om at dreje til højre eller til venstre. Vælger man som regel det samme, er det et godt tegn. Er man altid uenig, tager man hjem – og så er den ikke længere).

Vores rejse blev altså længere, meget længere. Foreløbig har den varet 25 år. Vi er endda ikke ægteskabeligt forbundne, men har kun noget, franskmændene kalder en "protokol", en gensidig aftale vedrørende fællesskabets juridiske og materielle sider – for at sige det kort.

Vi er så uens som man overhovedet kan foretille sig. Ikke alene er der lige så mange år mellem os, som der er knapper i katolikkernes præstekjoler, men vi er også fra to forskellige lande og miljøer, hver har sin ballast af lærdom og vaner med ind i livet, hver sine forestillinger, hun er fra landet, jeg fra byen, etc.

I mine treds'er var jeg fyr og flamme. Bum, sagde så blodproppen. Fra 72, *overnight*, blev jeg gammel. Gled ind på den vej, som forfatteren *Daniel Pennac* beskriver i bogen "Journal d'un corps" (*En krops sygejournal*, 2012):

Skridtene bliver kortere, man bliver svimmel af at stå ud af sengen, knæene låser sig fast, små blodårer sprænger ustandselig, prostataen skal igen høvles, stemmen gruser til, grå stær operationen

melder sig, det indre øre hviner og summer af mystiske lyde, rester
af tør æggeblomme hænger fast i mundvigene, det bliver stadig
mere besværligt at trække i bukserne, jeg glemmer at lyne gylpen,
overvældes af pludselig træthed, middagshvilet bliver længere og
længere, alt kører på rutinen …

I mellemtiden er hun så bare blevet voksen! For en tredive-, fyrre-, halvtredsårig vinker fremtiden stadig! Den med at kvinder ældes og mænd modnes er volapyk, i al fald for os to.

Det, der til at begynde med opleves som et dristigt eventyr, kommer mere og mere til at ligne et skyggespil i kælderen hos Dostojevski. Hver får efterhånden, langsomt snigende, sin lille verden – hvor de før delte den samme; det opleves i det mindste sådan.

Helt normalt. Men sværere at leve med. Livet, som for de fleste af os betyder den tid, der går med det, kræver, at to mennesker, der bliver sammen, kan og vil møde helt nye udfordringer. Tage dem op eller gå ned.

Vores stueur ikke alene tikker, mens evigheden venter; det viser sommer- og vintertid samtidig.

Men udover det? Tænke om og om igen, se sandheden i øjnene, forholde sig til vilkårene, som de er. Eller snarere som de hele tiden bliver, sådan som de, besværligt afvekslende i nye rytmer, nu en gang fremtræder. Vejen kalder SK det.

Det er nærmest umuligt at leve op til. Kundera skriver, at livet ligner en generalprøve, hvor vi først bagefter opdager, at det *var* livet! Passer det, risikerer vi at vågne brat op på sidstningen. Vi troede ikke, det var alvor – ikke endnu!

Hver dag er sin egen, den næste uvis. Man skal ville det liv, man har, det man nu trasker i – og under alle omstændigheder selv skal leve, selv skal forlade. Som netop det menneske, man er og ikke noget andet. Lige det menneske, der stadig og gudskelov for det, er på vej.

Vejen der tilbagelægges fremadrettet – og som er vigtigere end målet.

(næppe havde jeg begyndt den sætning, før Dédé, min kræftsyge nabo, kalder på mig nede fra haven. Han blev udskrevet fra Timone Hospitalet i Marseille i går aftes. Det tog tolv dage, og de tilbød ham en uges rekreation ved havet bagefter, men han havde nok af den verden i hvidt og ville bare hjem; operationen gik godt, men de fik ikke skrabet eller snittet hele leveren fri for metastaser, så han skal op på billardbordet igen om et par måneder. Han ser lidt blegnæbbet ud, har tabt sig og siger, at kroppen stadig er fuld af cortisone og morfin. Jeg må huske at spørge ham, om han så fik sit livs flyvende brokker at se under bedøvelsen – og om han fik læst Rilkes brev til en ung digter ...)

Afbrydelsen, hvor jeg stak hovedet ud ad vinduet på første sal og talte med Dédé tre meter nede, fik vendt op og ned på teksten. Ikke alene fordi jeg bagefter gik jeg ned i køkkenet og lavede en kop kaffe – op igen med den. Men fordi det pludselig stod klart for mig, hvor *ensidigt*, jeg her fremstiller tingene. Fra mit ophøjede synspunkt!

For hvor må alting se anderledes ud fra hendes side. Den halvgamle fyr, som hun for et kvart århundrede siden i ungdommeligt overmod flyttede ind hos, er i dag blevet helgammel. Bevægelig, gudbevares, men heller ikke meget mere.

Jeg kan naturligvis ikke sætte mig i hendes sted. Det er ikke nogen roman, det her. Men den nu smukkere-end-nogensinde-kvinde (53) har det ikke nemt!

Der er jo dage, hvor han drukner i aforismer af den rumænsk-franske digter og fødte sortseer, filosoffen *Cioran* (1911-95); som 20-årig kaster han sig på sofaen og vil gøre en ende på sit liv – hvortil moderen tørt bemærker, at havde hun vidst det, ville hun have aborteret.

Det er de dage, hvor lyset slipper op, og det så er hende, der står med hele baduljen. Det er hende, der skal lægge øre til – og vente til det går over. Hende, der skal være Ciorans mor.

Heldigvis er V. ganske usentimental; som bondedatter fra udkants-Frankrig har hun begge ben på jorden – også når gummistøvlerne synker ti centimeter ned i pløret.

Tilværelsen er for hendes temperament, hendes *praxis*, mere et problem, der skal løses, end et mysterium, der skal gennemleves!

Uden at vide af det flugter hun perfekt med en film af Tarkovski, hvor en siger: *Mennesket har ikke brug for visioner, det har brug for et spejl.* Til at se sig selv som man nu er – og dagligt finde sig i det.

Som 28-årig indleder hun efter tre måneders betænkningstid et forhold til en knap 60-årig kurmager. De danner par. Han fortæller hende med det samme, at han ikke kan få børn. Ville ikke have været overrasket, hvis hun så havde meldt fra. Det gjorde hun ikke. Rejsen til Sydafrika gjorde resten.

Men der er næppe en dag, hvor jeg ikke ser dilemmaet for hende, *valget*. Det samme stod mine to tidligere kvinder over for. Det er hendes og kun hendes valg. Hun elsker børn – lige som mig. Vi har kat. Hendes valg udgør hendes alvor. Som jeg hellere end gerne vil, men aldrig kan leve op til.

Det ville nok alligevel være bedst med en roman, jeg er overladt til gætteriernes lumske sfære. Det turde det her skrevne vidne om. Men hun blev og bliver. Hun står her. Solidt plantet – og med hånden under mig.

18 Når jeg danser, danser jeg

Erfaringen har lært mig, at man ved vejs ende kun er halvt færdig. Så kommet hertil lagde jeg teksten til simring og forsøgte at tænke på noget andet.

Overbevist som jeg var om, at det, jeg havde skrevet, så ville sende mig nogle underjordiske hib: "tag lige og skriv om her, tror du virkelig det, citatet er fejlanbragt, det kan SK da aldrig have ment, helt ude i hampen, det kan læseren jo ikke vide, vær mere klar i mælet, skriv noget andet, etc.".

For at hvile ørerne og lege fremmed i anden tankeverden begyndte jeg på filosoffen André Comte-Sponvilles lige udkomne "Dictionnaire amoureux de Montaigne" ("Forelsket ordbog over Montaigne", Plon 2020), en mastodont på godt 600 sider.

Det skulle være nok til at få mig på afveje – og spærretiden til at gå på en anden måde.

Michel de Montaignes "Essais" udkom i 1580'erne. Jeg læste dem for en del år siden, både på hans tids franske og i en sprogaktualiseret udgave – og forresten også i en dansk oversættelse.

Da vi en overgang boede i La Rochelle på Atlanterhavskysten, tog vi ned til hans lille slot i landsbyen *Montaigne* i nærheden af Bordeaux.

Til at begynde med fungerede afledningen fra SK via Montaigne som forventet. Jeg holdt både pandemien og filosoffen på afstand, brændeknuderne knitrede og ulmede som de skulle inde i den sorte ovn, katten lå i den bedste stol, kander af te løb ned.

Alt under kontrol.

Men tro det eller ej: den lille franskmand (1 m. 57) viste sig at have været en af dem, der banede vejen for vores Kierkegaard! Afledningen Montaigne blev til indledningen ...

Små 250 år før SK levede, sad den lavadelige gasconer i tårnværelset på sit beskedne slot og udstak betragtninger og vurderinger i en lærd og elegant, ironiserende og sokratiserende tone, ja, han ligefrem skød sig ind på en eksistentiel problematik og en uvis fremtid – den, eller delvist den, som SK tæver videre på i sine skrifter fra 1840'erne og frem.

Der fik jeg den!

Jeg var begyndt at rynke brynene, men heller ikke mere, da jeg på side 110 læser stykket om *kristendom* med en sammenfatning af Montaignes syn på den sag : *la vérité du christianisme (...) est sans preuve, voire contre la raison* (kristendommens sandhed (...) kan ikke bevises, den ligefrem strider mod fornuften).

Efterfulgt af Comte-Sponvilles henslængte bemærkning om, at Montaigne peger i retning af både Pascal og Kierkegaard!

Det citat fra Montaignes "Essais", som forfatteren bringer i den forbindelse, lyder i sin helhed (her i min oversættelse):

« De kristne griber lejligheden til at tro, når de støder ind i noget utroligt (...). Hvis dette noget var efter fornuften, ville det ikke være et mirakel; og hvis det lignede noget andet, ville det ikke være så originalt ".

Hvorpå Comte-Sponville tilføjer: *Vi er ikke ret langt fra Tertullians* Credo quia absurdum (*eller* ineptum, *upassende, forkert),* der betyder "Jeg tror, fordi det er absurd".

Hvilket ateisten Comte-Sponville dog delvis misfortolker og opfatter som en tautologi, altså: "Jeg tror, fordi jeg tror".

Han anfører sit synspunkt under bogstavet *F* i afsnittet *Fidéisme* – et ord, der går på, at man på det religiøse område ikke når nogen vegne med fornuften, fordi kun troen gælder; da den og den alene er *nådegaven.*

For jeg tror jo ikke, i følge SK, *fordi* jeg tror, men fordi man kun *kan* tro om Gud – om hvem intet vides, og som derfor kun kan være genstand for tro. Det er nu også, hvad Montaigne flere andre steder i *Essais* forklarer – og hvad citatet ovenfor netop siger.

Jeg mener, at min læsning er i overensstemmelse med SK's tro "mod forstanden": det er fordi, vi ikke kan *vide* noget om Gud, ikke kan indkredse ham ad tankens eller videnskabens vej, at vi er henvist til at *tro*.

Hvis det altså er det, vi vil. Og det er ganske rigtigt absurd (eller "forkert", ja ligefrem "upassende") – og derfor heller ikke så ligetil, ja, så at sige umuligt!

Heraf SK's strenge, kompromisløse kristendom.

Uden at kende det mindste til den karthagesisk – romerske filosof Tertullian (2. årh. e.v.t.) tillader jeg mig samtidig at mene, at han netop mener det som Montaigne og Kierkegaard siger – enstydende!

Lad os koge det her ned til, at jeg herfra læste om "Mikkel på Bjerget" (født Eyquem) og hans værk med nogle små runde briller med stålstel hægtet på næsen.

Det syntes jeg selv var ret overraskende; idet jeg ikke kan udelukke, at jeg blot er uvidende om det bjerg af lærde studier, der måske er udkommet og forlængst har påvist SK's ihærdige læsning af Montaignes "Essais" – eller i det mindste af nogle af bogens utallige fortolkere rundt omkring i verden!

Det handler de følgende linjer om.

Montaignes "Essais" var virkelig ment som det, ordet siger, nemlig "forsøg". Vi kunne også kalde dem udkast.

Han "prøver sig selv af" i korte og sommetider længere tekster, der fra udgave til udgave blev forsynet med *allongeailles* ("forlængninger"), påklistrede, lange papirstrimler med tilføjelser, akkurat som Proust langt senere gjorde med manuskripterne til "På sporet af den tabte tid".

Montaigne betegner selvironisk sine tekster som écrivailleries, skriblerier – som dog samtidig har "gjort ham"... *mon livre m'a fait.*

134

Det drejer sig kort fortalt om et filosofisk selvportræt.

Montaignes fyndord "Hvad ved jeg?" (indristet på loftsbjælkerne sammen med små 60 andre, foruden citater eller "læsefrugter") skal udtrykke en aldrig udtømt nysgerrighed over for tilværelsen og hans skepsis omkring svaret: kan man overhovedet være sikker på noget som helst? Foruden, naturligvis, at minde os om aldrig at forsømme lejligheden til at lære noget – navnlig noget mere. Uden, lige så naturligvis, at komme længere end Sokrates!

Han levede midt under religionskrige, pest og grasserende usikkerhed og måtte være forsigtig med, hvad han sagde eller skrev om Gud, katolicismen, Luther (hvis *nouvelletés*, nyskabelser, han så skeptisk på) evigheden og den slags – tidens brændende spørgsmål.

Det var ikke langt fra at være lige som i dag, hvor det kan koste en lærer hovedet at vise sine elever en karikaturtegning af profeten. Det skal man hele tiden tænke på, når man læser Montaignes udlægninger af religion og tro. Han levede og skrev i en rodet og farlig tidsalder, hvor senrenæssancen filtrede sig ind i reformationstiden, mens bål og brand bredte sig over hele Europa.

Vi fortvivler over corona pandemien – hans tid var ligefrem uhyrlig.

Egofilosoffen, "der tænker sit liv og lever sin tanke", fortæller ganske vist om sig selv ved at "skrive sin tanke", men de mange sider bliver samtidig til et billede af århundredet, ikke alene i Frankrig og udover resten af Europa, men i hele verden (således i stykkerne om erobringen og koloniseringen af Sydamerika, hvor Montaigne i skarpe vendinger fordømmer spaniernes metoder, tilmed "i Vorherres navn").

Men det står vistnok til troende, at skeptikeren, rationalisten og relativisten, den i et og alt moderate mand (*jeg er rabiat moderat*), den i hedensk tankegang (græsk og latinsk) uhyre velbevandrede og intenst optagne lærde mand, var hvad vi i dag ville kalde "kulturkristen".

Han var katolik men kunne lige så godt have været noget andet *(jeg er katolik på samme måde som jeg er fra Perigord og derfor ikke tysker).* Hans kristentro var til husbehov og skyldtes mest, at det bare ville skabe uorden at modsige pavekirken og katolikkerne i tidens Frankrig.

Man har belæg for, at det var Montaigne, der gav vennen og protestanten Henri de Bourbon fra Pau i Pyrenæerne det råd at gå over til katolicismen for at kunne bestige den franske trone som kong Henrik den 4: *Paris er sgu en messe værd!*

Dertil kommer, at hans humanistiske tolerance og åbenhed i almindelighed gjorde ham til alt andet end enøjet – også på det religiøse område. Han havde besvær nok med at blive bare nogenlunde fast i den tro, han tilfældigvis var født ind i. Men han gik i kirke om søndagen og fik en kristelig begravelse. Skønt Rom en overgang forbød hans "Essais"

Men essayisten siger meget lidt om Gud og religion i sin bog – og nævner kun en enkelt gang Jesus, nærmest i forbifarten. Fordi man jo ikke kan udtale sig om det, man ikke ved noget om; meget snusfornuftigt.

Montaigne erkender og lever afslappet med sin *inscience*, sin "u-viden" og overlader ellers religionen til teologerne. Det er ikke hans bord.

Her kunne jeg så stå af, skulle man mene, det vil sige glemme alt om SK i forbindelse med Montaigne og virkelig tage fri ved at bore mig ned i ordbogen om "Essais".

Så meget mere som SK, ganske vist hen mod slutningen, påstår, at hele hans arbejde, *alt* hvad han har skrevet, handler om *det religiøse.*

Når Montaigne nu er nærmest a-religiøs, førkristen eller vanekristen og ikke vågner hver dag med spørgsmålet om, hvor Gud er henne i vores kummerlige tilværelse, har han jo ikke noget med SK at gøre!

Men bortset fra, at det kan diskuteres, om *alle* SK's skrifter, lige fra de første, har det religiøse sigte indlagt (*i retning af*), vælger vi dog her at køre linen ud: den lidet troende (faktisk aner vi det ikke) Montaigne har nemlig en klar tråd til SK på en række andre gebeter.

Den franske 1500-tals tænker og skribent bruger flere steder udtrykket *faire bien l'homme*, hvad man kan forstå som "være et ordentligt menneske" eller "opføre sig ordentligt" – idet vi dog skal huske på, at Montaigne nok har en moral, men ikke en, han skal af med til læseren (*jeg underviser ikke, jeg fortæller*).

I en lidt udvidet forstand kan vi også forstå udtrykket som "være menneske helt og fuldt, på godt og ondt", det vil sige udfylde vores rolle som menneske.

Jeg forfalder modstræbende til en reklamevending fra radioen: "Bliv dit livs hovedperson"!

Det menneske, Montaigne har for sig og som han skriver til, er dig og mig – foruden ham selv! For *l'homme*, mennesket i almindelighed, findes efter hans mening slet ikke. *Menneskeheden* er en intellektuel konstruktion, en verbal kortslutning – et tankespring.

Vi er jo *enkeltindivider*, alle forskellige og alle under stadig forandring eller udvikling. Alene af den sidstnævnte grund er det halsløs gerning at identificere mennesket entydigt og fastlagt.

Hver enkelt lever sit liv, som han nu kan, fra dag til dag – efter sit eget hoved. Ingen kan erstatte ham eller hende i det forløb, i livsopgaven; heller ikke når det gælder til allersidst!

Montaigne kalder det *nominalisme*, og forklarer, at generelle forestillinger som "livet" eller "mennesket" kun har virkelighed som ord, det vil sige, kun er netop ord; et navn er et fremmedelement, man tillægger personen eller tingen. En etikette.

Med andre ord, kun "hiin Enkelte", individet, findes og tæller med – ja, er til! Både Montaigne og SK skriver til *mig*, deres fri- og velvillige læser; de henvender sig begge til et selvstændigt menneske, en enkeltperson, der har valgt at gøre deres bekendtskab.

Et sted citerer Comte-Sponville kollegaen, litteraturhistorikeren *Antoine Compagnon*, der i sin bog "Nous, Michel de Motaigne" (Vi, Michel de Montaigne, 1980) taler om Montaignes "eksistentialisme" : det er kun den enkeltes *eksistens*, der betyder noget, og eksistensen går forud for essensen, eller rettere fylder det hele.

Vi kan tilføje, at mennesket for Montaigne aldrig er færdigstøbt, men altid under udvikling, under tilblivelse ... ja, i sin *vorden* eller *vordelse*. Vores *er* ligner derved et *bliver*. Noget jeg synes, jeg allerede har læst et sted.

Omvendt tager både SK og franskmanden afstand fra massen (eller folket) – der hos Montaigne hedder *la multitude* (mængden). Menneskeheden er blot "de mange". Udgjort af os alle – i dag op mod 8 miliarder.

Og det stakkels *menneske* er lige ved, som hos Platon, kun at være "et dyr med to ben og uden fjer" – om ikke, som for Montaignes nære (fjerne) ven, Seneca, "en led ting, hvis det ikke hæver sig op over menneskeheden".

"Det er fordi, Montaigne tænker så tæt på sig selv, at han står os så nær", siger Comte-Sponville. Med andre ord, han taler om sig selv og derved om os alle, men siger såre lidt om sit konkrete liv – således ikke et ord om sin mor! Og ikke meget mere om hustruen Françoise, der bor i slottets andet tårn.

Det særegne ved Montaigne er hans store frihed, lad os bare tale om åndsfrihed: når man er viis og samtidig udelukker, at visdom findes, når man som filosof erklærer filosofi for tidsspilde – ja, så er man rigtig viis og rigtig filosof!

Men vores vilje er for afhængig, for skiftende og tilfældig til, at vi kan være helt frie, skriver han. Hvorfor vores valgfrihed også er begrænset. Her er noget, han ville kunne drille SK med. I samme løft kunne de diskutere det *absolutte*, som all-round relativisten Montaigne absolut udelukker.

Et kapitel kunne handle om Montaignes springende tankegang og arbejdsmåde, en stil eller genre, han deler med SK; for franskmandens vedkommende foregår det *par sauts et gambades* ("springsk og hopsk", som et gedekid), det vil sige søgende, usystematisk. Lidt flot sagt "ud ad den ene dør og ind ad den anden" (men i samme hus). Montaigne gør en dyd af ikke at have nogen plan, når han skriver. Det er sikkert også derfor, han vælger den korte, afvekslende form, dagbogsagtigt – anslagene!

En vis nonchalance i udtrykket, et vist frisprog samtidig. Eksempel: efter en udsvævende eller ligefrem "vild" ungdom har alderen gjort sit: *Hvis mit lem ikke er langt eller tykt nok, skal matronerne – der ved alt om den slags – nok sige fra, de bryder sig ikke om små manddomme ...* (han citerer frugtbarhedsguden *Priapus* med den evige stivert).

Ikke nogen fnisende blufærdighed her! Hos SK hører vi måske ikke meget om "matroner" og det kun lejlighedsvis opvakte emne – der er imidlertid, som enhver af hans læsere vil vide, talrige eksempler at hente på andre områder!

Det svingende over "Forsøg" er naturligvis det, der gør værket levende endnu nogle sekler senere. Manglende sammenhæng passer Montaigne fortræffeligt, det er et udtryk for frihed. Og påtages som sådan ganske roligt af forfatteren. Ingen dogmatik, tilfældet råder – og hvordan!

Man skulle næsten tro, han allerede i 1580'erne hørte, hvad Jean-Luc Godard en dag skulle sige om film: *En film skal have en begyndelse, en midte og en slutning – men ikke nødvendigvis i den rækkefølge.*

Hvad "livssynet" angår er de begge børn af Sokrates. Kend- og kundskab til sig selv er hovedmålet for vores eksistens – bare vi husker, at vi ingenting ved (eller kan vide) med bare nogenlunde sikkerhed.

Uvisheden er det ledende – og frugtbare – princip for såvel Montaigne som SK, når vi taler om menneskesyn.

Montaigne var en ihærdig rytter og rejste engang rundt i det meste af Europa til hest. Hen mod et år tog turen (med et fem måneder langt ophold i Rom); han medbragte bl. a. en sekretær, til hvem han dikterede halvdelen af en rejsedagbog (*Journal de voyage*), der blev fundet længe efter hans død på bunden af en dragkiste.

Et af formålene med den lange ridetur var at pleje nyregruset på diverse kursteder, mest i det toskanske Italien. Hans vagabonderende rejsestil svarer ganske til hans måde at tænke og skrive på. Han rejste, sagde han, *kun derhen, hvor jeg allerede er.*

Den slags skal med her, fordi det drejer sig om at *bevæge sig.* Han går for at kunne tænke, vover vi dobbeltbundet. Som mange andre med regelmæssig hjernevirksomhed skulle Montaigne helst ikke sidde stille ret længe ad gangen.

Selve tanken er i permanent omdrejning – som alt i naturen, hvor tingene aldrig standser. Hvad er liv andet end evig vorden? Sagde vi gentagelse?

Selv om Montaignes daglige spadsereture var til hest hen over vinmarker og gennem bakkedale, ikke i københavnske gader eller på Volden, og selv om hans op- og nedstigninger i slottets ene stentårn begrænsede sig til at hente en bog på tredje stokværk eller sove på andet, er han manden, hvis sind og krop aldrig er i ro.

Hvis formålet med livet er at leve, som han skriver – og navnlig at *handle* – kan alting jo også kun buldre derudaf – indtil alting en dag (eller nat) bliver tyst.

Hvad har du lavet i dag? Levet!

Det vil sige *gjort* noget, ikke noget hverken mystisk eller magisk, men alligevel som det ligger i ordet *abracadabra,* der på hebraisk betyder at *skabe i overensstemmelse med min tale* – eller "gøre som jeg har sagt", i SK's mund!

Montaigne gjorde tingene tilbunds og stræbte ideligt efter at udfylde nu'et: *Når jeg danser, danser jeg …*

Et melankolsk gemyt er han imidlertid, den fødte sortseer *(det ender galt, helt galt, livet).* Men dels tager han det for uafvendeligt, og det er så stoikeren i ham, dels formår han ligefrem at more sig over det. Hans alvor er ikke at tage sig selv alvorligt *(din trone kan være nok så høj, du sidder dog på din egen røv).*

Hvilket naturligvis er den eneste form for alvor, vi for alvor kan tage alvorligt.

Comte-Sponville er ikke langt fra at rangere Montaigne blandt japanske buddhister! Han sammenfatter hans anliggende således: "Konstant umættelig på handling og viden opfatter Montaigne tilværelsen som et ustadigt foretagende, fuld af tomhed, mangel på tiltro, på respekt … det hele fremført som vores eneste visdom".

Det korte af det lange må være, at intet menneskeligt nogensinde står fast som urokkelig sandhed til evig tid.

Selv finder jeg trøst i en joke af Jonathan Coe (romanen "Den lukkede cirkel"): *Jeg lærer meget af mine fejl – når jeg gentager dem, er de blevet perfekte.*

19 Et glødende fravær

Vores vandring mellem det 16. franske og det 19. danske århundrede inspirerer os samtidig til nogle aldeles uforsvarlige bemærkninger vedrørende *venskab* og *kærlighed* – således som de to tænkere og forfattere ser på de dele.

Fortolkerne har analyseret Montaignes venskab med domsmandskollegaen, forfatteren *Etienne de La Boétie* (1530-63) på alle mulige ledder; nogle har villet se de tos nære forhold som homoseksuelt. Det er muligt, vi får det aldrig at vide.

De mødtes, da den ene (M) var 25, den anden 28, gift og familiefar; kun fire år varede det venskab, som Montaigne hæver til skyerne – selv om han fra udgave til udgave af sine *Essais* skriver mindre og mindre om sin ven.

Han forklarer deres forhold således: *Fordi det var ham, fordi det var mig.* Det er et af de udtryk fra hans bog, der siden gentages mest. Det siger alt – og i grunden intet. Mystikken er bevaret, som den jo skal i intime anliggender!

Men det er så denne "ham", der bliver den direkte anledning til, at Montaigne går i gang med sine "forsøg": til at begynde med for at udgive de tekster af vennen Etienne, som denne ikke selv fik i trykken inden sin tidlige død – for det meste digte, men også en ny udgave af La Boéties hovedværk *Discours de la servitude volontaire* (Om den frivillige underkastelse). Et begreb, hvis aktualitet i dag ikke kan overdrives!

Montaigne foretrak venskab for kærlighed, "den åndelige nydelse" frem for følelsernes væld, ustyrligheden. Al forefaldende kødelig omgang ufortalt – som hverken den ene eller den anden nægtede sig. Etienne de la Boétie var lige så grim som Sokrates – men det er dog heller ikke sagen lige her.

Jeg opfatter i grunden *La Boétie som* Montaignes *Regine*. Hvad der ad sære, underjordiske kanaler forbinder de to yderligere – og ikke alene fordi "Essais" tilskyndes af La Boéties eksistens omtrent om SK's forfattervirksomhed af Regines.

Vi må en lille tur om ad Det gamle Testamente, *Exodus*, kapitel 3, som allerede har været nævnt her. Yahve kalder på Moses inde fra en brændende tornebusk, som flammerne ikke fortærer. Teologerne kalder det en "teofani": Gud manifesterer sig og betror Moses, hvad han hedder – men det skal forblive usagt. Gud er og skal være *navnløs*.

Moses (og alle vi andre) har siden dengang kun et *glødende fravær* at holde sig, når det drejer sig om Gud.

Første gang, jeg hørte udtrykket var i en kirke i landsbyen Grambois i Sydluberon, der dengang var hjemsted for en halv snes dominikanske munke. Det er måske tredive, fyrre år siden, men jeg har aldrig glemt historien – eller paradokset.

En stikkende busk, der både taler og brænder – men ikke forbrænder! Gud i egen majestæt lader en simpel hyrde høre sin stemme, ja han præsenterer sig på en vis måde for ham!

Det glødende fravær, på fransk *absence ardente*, har efterhånden en lang historie indenfor den kristne tradition, hvor vendingen betyder "en vidunderlig, men flygtig oplevelse, en man aldrig glemmer, og som kun kan genfindes gennem bønnen".

Efter vennens død vil Montaigne pleje mindet om Etienne de La Boétie og deres inderlige venskab ikke ved at bede, men ved at hæge om hans skrifter, lade dem trykke og sørge for, at de ikke glemmes – thi hvilken større tjeneste kan man yde en tavsgjort forfatter?

Når han nævner hjertevennen i "Essais" er det nænsomt og diskret. Men savnet forekom Montaigne uoverstigeligt – indtil det gled ind i hans tilværelse som en del af ham selv, bevaret i erindringen, i dybeste stilhed. Som en ny nærhed. En indvortes. Det ligner grangiveligt et "glødende fravær", det *er* et glødende fravær. En henfaren livsomstændighed, som dog findes og lyser op – når den ikke borer i fortvivlelsen; en parallel, usynlig eksistens, som han for intet i verden ville undvære, nu det skulle være.

Montaigne har ikke så meget om den *første* kærlighed som SK i sin bog; den sidstnævnte ser som bekendt fænomenet "den første kærlighed" glide harmonisk over i ægteskabet, skal vi kalde det forelskelsens borgerlige metamorfose – for resten et af de tyndeste argumenter, filosoffen (undskyld, hans *pseudonym*) har at fremvise. Måske af idealisme, måske af mangel på erfaring!

Det er jo kærligheden selv, de begge elsker, mere end dens "genstand". Den første kærlighed betyder den første gang, *lidenskaben* tog over, og man ikke anede, hvad der foregik, udover at den person, kvinde eller mand, der stak ild til drifterne, skulle erobres.

Mænd der elsker kærligheden for kærlighedens skyld, går der tyve af på dusinet. Nu om dage, hvor ægteskabet skal være baseret på lidenskabelig forelskelse (i den indledende fase) og ikke som på Montaignes tid på interesser (jord, formue, rang, etc.), er der nødvendigvis langt flere skilsmisser end før: *lidenskaber varer ikke så længe som interesser,* bemærker Montaigne tørt et sted.

Han går så vidt som til at kalde elskov mellem ægtefolk for *incest*: det hører ikke hjemme i en ordentlig familie at give sig hen i kødets lyst af andre end reproduktive grunde! Din kone skal føde børn, ikke elskes (endsige elske).

Den første kærlighedsrus har ikke meget med den kærlighed at skaffe, som kan fremdyrkes mere venskabeligt – over tid. Når rusen er afdampet, enten fordi partneren dør eller det så var det, bliver der en glød tilbage, lige til det sidste. Som man helst vil slukke, glemme, fortie, sende i evig karantæne. Men som uvægerligt lever videre inderst inde: som et *tilstedeværende fravær.*

Montaigne og SK lever begge videre efter et tab (et brud), på sæt og vis er de *flankeret af et tomrum,* der i deres tilfælde ikke kan være andet, ikke *må* være andet! Genier har ikke plads til et levende menneske ved deres side. Hverken et ligestillet eller et underordnet. Og slet ikke et overordnet.

Men de kan heller ikke være fuldstændig alene, de skal helst ledsages over alt og altid af en usynlig makker, som man kunne kalde deres "andet jeg" – og som deres narcissistiske natur lige akkurat tillader at være der.

Det glødende fravær, den tomme plads, den usynlige dimension fungerer samtidig som en art beskyttelse for både Montaigne og SK. De hverken kan eller vil binde sig følelsesmæssigt, dertil er deres ego for stort og deres selvopfattelse som enere for stærk – men de har brug for at være ledsaget, af en eller"noget", som de kan styre, kontrollere og tage sig af.

Bodyguard er ikke ordet, skytsengel bedre. Uden at *blive* en anden (og da slet ikke ved en kafkask metamorfose) *har* de en anden. Vi er tilbage ved *Je est un autre!* Man kan sagtens som den sidste Pléiade-udgave af de samlede værker kalde Rimbauds vanskabte sætning for "litterær intellektualisme", leg med ordene, og rynke på næsen ad hans skelnen mellem den bevidste skaber og den, der bare skaber; for mig ligner dette *je est* dog ret meget det kierkegaard'ske *subjektivere subjektet* – det vil sige fordoblelsen i egen person!

Etienne de La Boétie og Regine har således den samme funktion i forhold til mesteren. SK's forlovede er ganske vist ikke rigtig død – men en forelskelse, der bliver sat en brat stopper for, må betragtes som en udrangering med jord på.

Bruddet kan forklares, i al fald af SK, mens hans kredsen om

hende, iberegnet hans svingende syn på hendes motiver og op-
førsel, hans lettere hånende omtale af hendes ægtemand Schlegel,
forstår jeg bedre, hvis jeg forestiller mig Regine som hans *glødende
fravær.*

SK har nok mere brug for et skjold mod omverden end Montaigne;
hans barske barndom, hans strid med og for troen, senere med
hele kirken, foruden et labyrintisk sind og dertil melankolien,
gjorde ham sårbar. Han har brug for et ikke-væsen, der følger
ham som et *skyggerids*, nært og mystisk, her og ikke her. Som
udelukker andre og samtidig forbliver nogenlunde medgørligt.

Som egotrip er SK lige som Montaigne i den grad en fri og frit-
stillende karakter, at han kun kan være sig selv. Akkurat som
drengen i striben "Sten og Stoffer" (Calvin and Hobbes), der har
en tøjtiger som tro væbner og ledsager!

En præsens, en side af jeg'et – fordi en forfatter, nu som før, har
brug for en svimlende, men eksisterende tomhed under sig – og
ved sin side. Behov for selskab, selvskabt eller ej, noget fiktivt,
illusorisk. Til inspiration og hengivelse. Et mere intimt nærvær
end et pseudonym kunne yde eller være, men altså ligegodt en
side af forfatteren.

Hvilket altsammen ikke betyder, at Montaigne er SK's "forlø-
ber", nej, blot at åndsfyrster, tænkere og kunstnere, dybest set
deler det væsentlige. Hen over tiden – og altid.

La Boétie og Regine som Montaignes og SK's usynlige tvillinger,
deres genfærd om jeg må bede ... eller *Gjentagelse!* SK som Mon-
taignes skyggeaftryk. Vovelige påstande!

Men vi befinder os blandt forfattere, hvis "jeg" opstår, fordi de
fremskriver det, og kun derved. En forfatter har som Proust siger
et kødeligt jeg, der ligger hjemme på sofaen og klør sig på armen,
og et andet "jeg", det skrevne og det skrivende, der fylder side op
og side ned.

Montaigne siger selv om sit ærinde *Ce sont ici mes humeurs et opinions ...* : « Det drejer sig om mine indfald og meninger, jeg anser dem kun for noget, jeg selv tror, ikke for noget, andre skal tro. Jeg sigter kun på at få hold på mig selv, jeg som måske i morgen er en anden, i fald ny lærdom skulle forandre mig. Jeg har ingen myndighed til at blive troet, ejheller ønsker jeg det, idet jeg føler mig for uvidende til at belære andre" (Essais I, 26).

Der ringer en klokke, det klinger dansk ... af noget fra 1840'erne.

Et sted mellem de to jeg'er, sofaens og skriftens, kan det så suse i skørterne på det glødende fravær. Montaigne havde i sine sidste leveår en ung veninde, *Marie de Gournay* (aldersforskel 32 år), der blev Frankrigs første feministiske forfatter, og altså begyndte som Montaignes beundrerinde. Hun var fra den nordlige, franske provins Picardiet.

Hun læste hans "Essais"som 18-årig og skrev et brev til forfatteren, hvor hun foreslog ham et møde. Han besøgte hende i det picardiske. Han betegner hende som en slags adoptivdatter (*ma fille d'alliance*) – men det udelukker jo ikke noget. Som det heller ikke gjorde for hverken Sartre eller Woody Allen.

Det blev Marie, Montaignes sidste fortrolige, der kom til at stå for den første *post mortem* udgave af hans "Essais".

Hun selv blev højt oppe i årene, skrev flittigt og udgav en del, som ingen siden har interesseret sig videre for. Hun forblev ene-kvinde – og har højst sandsynligt, hun også, levet med et "glødende fravær" ved sin side.

Ville SK have oplevet noget lignende, hvis han have levet lidt længere? Det manglede ikke på tilbud, men han bed aldrig på, Regine fyldte for meget. Han vragede hende jo også for at kunne *bevare* kærligheden til hende!

Gløden der skulle gløde til det sidste.

Stefan Zweig var bjergtaget af "Essais". Det var Montaignes *indre univers* (med Goethes udtryk hans *citadel* eller ... Kastellet!), der optog ham, det "der beskyttede ham mod samtidens vold og kaos (…)".

En af Zweigs sidste bøger hedder "Montaigne, biografisk essay" (1982). Manuskriptet var lige blevet færdigt, da han sammen med sin sekretær slugte pillerne og lagde sig på sengen i eksillandet Brasilien (22.2.1942).

Han beskriver Michel de Montaigne som "manden i tårnet, der søgte sit selv" og tilføjer om *Essais*:

Det er ikke en bog, jeg har i hænderne, ikke litteratur, ikke filosofi, men et menneske, en bror, der råder og trøster mig, et menneske, som jeg forstår og som forstår mig. Når jeg sidder med "Essais", forsvinder papiret i værelsets halvmørke. Nogen ånder nu inde i mig, der lever en anden i mig, en fremmed kom til mig og er ikke længere nogen fremmed, men en person, som er mig så nær som nogen ven.

Det var ganske kort tid før grenen så alligevel knækkkede.

Måske er fordoblelsen her ikke så opsigtsvækkende endda! Kultur er noget, der gløder. Og kan brænde igennem.

20 Når det aftnes

Ville jeg have forvaltet mit pund bedre med SK under armen? Hvis de tyve bind ikke bare var blevet stående i reolen gennem alle årene?

Ville tingene have været anderledes, nogle af dem måske slet ikke, andre meget mere; ville jeg have handlet klogere, dristigere, mere elskende, mindre styrende, mere tillidsfuldt?

Og navnlig, ville mine handlinger have været mere helstøbte, ville jeg have taget hele vejen, fastere besluttet, ville jeg have vovet eller håbet det umulige? Ligefrem det absurde? For det må jeg indrømme på falderebet : som menneske i forskellige forklædninger, både som historiker, journalist og forfatter, i faderrollen, nu som halvvejs gift, bybo på landet … hele vejen igennem går jeg kun *den halve vej*; gør tingene halvt, som det hedder.

Jeg lader som om. Jeg fungerer.

(selv en binational som mig med to sprog og to kulturer – og derved nærmest forudbestemt til halvvejsreglen – skulle vel ikke være dømt til at blive hængende i livets yderside … det indledende stadie).

Selv som SK's læser stiller jeg mig først ud på sidelinjen!

Vel er vi ikke er herrer over alt her i livet, slet ikke over tilblivelsen, men pokkerme om vi ikke kan meget, måske mere end vi tror; i al fald mere end vi tør tage ansvar for.

Hvor blev enheden af i mit liv, hvad med den trodsige vilje, med idealerne og det politiske og sociale engagement – eller bare modet til at sætte alt på ind på at opfylde jeg'ets løfter til sig selv?

Alting blev til noget, jeg "legede", stykkevis og delt, aldrig var jeg med liv og sjæl til stede i tingene, med alvor, nej, de *overgik* mig, skete bare; intellektet sørgede for en passende afstand, rimeligt og rationelt foregik det, – aldrig lidenskabeligt, sjældent opofrende. I stedet for glød, lunkenhed. Alt for mageligt. Uheroisk. Den slags kan kun ende med et sagte blop.

Endelig så at melde sig som SK's "hiin Enkelte" (tyre de tyve bind) medfører, at man *volens nolens* dumper ned i sig selv – hvor man nemt forsluger sig på smertelige sandheder og de muligheder, man lod forblive blot anede. Passende forskrækket, noget fortumlet – og melankolsk op til albuerne.

I stedet for at jamre kan man også høre efter, gøre alvor af det.

I et brev til Maria Casares skriver *Albert Camus*, at hendes kærlighed hjælper ham til at blive sig selv – nej, tilføjer han, *mere end mig selv*. Findes det?

Camus er så opfyldt af sin Maria, at han ligefrem "beder til hendes Gud" – som den sørgmodige og mildt drillende ateist, der kun vil tro på mennesket. Om på noget overhovedet.

Maria bliver i kærlighedens navn Alberts adgang til "mere end mig selv"; en dimension, som ikke behøver være mere absurd end det at tro på egen hånd.

Men hvis jeg i mange sammenhænge og med god samvittighed *lod som om*, det vil sige udsatte det afgørende til "senere", hvad så med begyndelsen, hvad med barnet og barndommen?

Var jeg (er man) ikke helt og holdent det barn, man er, mens man er det, fylder pigen og drengen ikke hele pige- og drengelivet ud, lever vi ikke som små helt "direkte", uden afstandskabende selvbevidsthed om eksistensens utilstrækkeligheder, uden at "subjektivisere vores subjektivitet"? *Lever* børn ikke bare, levede jeg ikke bare – engang? Med Jack Londons ord fra 1916: *The proper function of man is to live, not to exist!*

Desværre, jeg tror det ikke; som den ufærdige voksne rummer barnet alle anlæg, alle tendenser, karakteren og sjælen i al sin besynderlige forvirring. Det personlige, allerede helt og fuldt. Det lille menneske har sit eget paradokseri – også inden der gror skygger på uskylden!

Men lige som Montaigne danser barnet, når det danser, det vil sige samler sig om det, der sker lige nu, uden absolut at ville eller vide det – uden samtidig at *betragte* sin handling og sig selv.

Jeg, drengen, bar på skitsen til resten af jeg'et, her til alt det halve, der skulle gøre det ud for det hele, til de små svinestreger, til luskeriet, fejheden, selvglæden og det mere end utilstrækkelige.

Synden kalder SK det.

Foruden det socialt passable, den tilsyneladende sejr på hjemmebanen, medaljerne. Fremkaldelserne efter tæppefald, roserne, de nemme bifald.

Under almindelig opmuntring fra den store flok af æstetikere.

Med en anden og fyldigere, mere væsentlig bagage havde jeg måske bare *tænkt bedre for at leve bedre*. Givet mere, været mere åben, "større i udsynet". Med mere selvstyrke bag, paradoksalt nok.

Det lyder ikke af ret meget. Men det er enormt. Det gør en forskel at leve *oprigtigt*, ja, det må være ordet. Uden pral og pris.

Under de ovenfor skitserede livsafsnit og valgsituationer – samt i andre her uomtalte sammenhænge – og sådan som jeg ser tingene nu, tog jeg alting ulideligt let. Livet var jo kun en *prøvekørsel*, en opvarmning. Man kunne altid gøre tingene om, "starte på en frisk".

Som var der et eller flere liv bagefter, en slags evindelig tilbagevenden, hvor der kunne rettes op og forbedres, hvor sandheden endelig kom frem, maskerne faldt og stræbet omfattede noget andet og mere end en selv.

Noget *højere* ligefrem.

Men nu farer der en lille djævel i mig: det kan vel ikke kun være mig, der slingrede så letkøbt gennem tilværelsen!

Alt var måske heller ikke lige slapt og tilbagelænet (selv en knark lader sig overvælde af lysere tanker)! Det knirker ildevarslende, men i et glimt farer et mildere lys hen over landskabet.

Minsandten om jeg ikke kunne forfalde til at lade mine erindringsforskydninger være en slags gentagelse, som en smertepille, lidt balsam!

For dermed endnu en gang at bevise, at jeg aldrig rigtig begreb, hvad SK mener med *Gjentagelse* …

Men er en tilbagevenden, en *ommer*, i det mindste på de indre linjer, så mulig her og nu, hvor det *aftnes* – det vil sige i skrivende stund?

Det svarer SK ja til – den er altid mulig.

*

At Guds egen søn blev pint og korsfæstet, derefter grottelagt som en gemen forbryder giver ingen menneskelig mening – almagt og afmagt hånd i hånd!

Netop derfor kan det kun *tros*, at han skulle være Guds søn. Tros mod bedre viden.

Jamen, jøsses!

Al logisk argumentation i denne forbindelse strider mod udsagnets indhold, så det kommer til at slå sig selv på munden: hvis troen er "mod forstanden", bliver det misvisende at ræsonnere forstandsmæssigt for at bevise det!

Den indvending har SK imidlertid svar på; det kommer vi til om lidt …

(jeg sidder og ser over på Dédés hus; det er tre dage siden, jeg så ham komme ud og lukke hoveddøren op, da Michel, naboen nede fra landevejen, bankede på for at spørge nyt. Dédé kom frem

i underbukser, smilede undseligt, han så elendig ud; jeg har lige siden forestillet mig, at han nu bare ligger og lader sig dø. Skal man så gøre noget, gå derover – tale ham fra det, "tvangsfodre" ham ... eller bare skrive videre, teoretisere om døden uden at se den ti meter væk, ved Dédés side, uden at turde genkende dens hæslige ansigt, se et menneske ligge og rådne op i sine uhumske omgivelser; jeg hørte Michel tage afsked med et "du skal se, det går nok, du kommer dig!")

Vores indre, det *indvortes*, er både det nærmeste og det fjerneste, vi har. Det skulle synes ligetil at dykke ned i det, men hvem af os kan i ramme alvor påstå, at vi har været der, set grundigt efter – og er sluppet helskindet fra det? Det er nemmere at gå de andre efter i sømmene!

Vi skal jo både *se* og *ses*. Være subjekt og objekt, subjektivisere og objektivisere – og det gælder i grunden ikke kun, når vi forsøger at vende blikket indad i os selv.

Mennesket er bevidst om at være menneske – det er begyndelsen til al rodet, alle knuderne. Faldet og Abels blodige endeligt.

Åh, at være et træ!

Som et *jeg-bevidst* individ lever menneskesket i sin egen kategori; det gør os til noget særligt i forhold til dyr og planter – som uden at være blot en mekanik deler meget natur med os.

Vi er bevidste om at have både væren og væsen; uafladeligt bestræber vi os på at få *eksistens*, Mister London! Det ligger til os at blive det særlige, vi er – nemlig mennesker. Om muligt hele.

Det er den omstændighed, der skiller os ud fra alt andet levende på jorden, den status, der – når tingene arter sig bedst, når vi er mest bevidste – højner os til åndelighed og omtanke; til kærlighed endda.

Bevidstheden om at være til er så at sige menneskets adelsmærke. Det kan til tider virke som en forbandelse (af visse kaldet synd), der gør os selv til vores værste modstander.

Springet skal afgøres lige der, siger SK, med afsæt i vores bevidste – og frie – vilje.

I vores adspredte og løgnagtige tid, styret af Zuckerbergs djævle, fuld af had og foragt, eller bare dårlig opførsel, flygtigt samvær, hensynsløst rygtesmederi, en grasserende ragen-til-sig, synes samfundet lige nu indrettet på at forhindre den personlige fordybelse – *bevidstgørelsen* netop. Bestandigt bortledes vores opmærksomhed. Der skal en særlig energi til at samle sig så meget, at "dagens skum" får mulighed for at lægge sig. Så *alvoren* får en chance.

Hvordan midt i virus og virak finde ro til tanke og omtanke? Det er jo hele tiden udenfor, "derude", i det *udvortes* den er gal. I verden, blandt folk, hos de andre.

Det kan derfor ind i mellem være svært for os andre ikke bare at lægge os ned og vente.

Men hvad nu hvis vi ganske vist er udstyret med trangen til at udforske vores "indre" – men, oh vé!, slet ikke har noget!

Hvad hvis jeg i virkeligheden ikke rummer noget "indre liv" (ikke noget citadel), hvor de afgørende slag står, slet ikke har noget oprindeligt i mig, ingen evighedstrang, ingen åndelig springfjeder, intet guddommeligt aftryk, intet sandhedsfrø, ingen glød, ingen længsel efter det højeste?

Længere kommer man ikke ud, større bliver *angsten* heller aldrig. Uden noget indre liv, en underliggende, nærmest hellig kilde til mig selv, er fanden løs!

Så er der kun fysik tilbage, materie, nøgne tal eller hygge, ikke alene i og omkring mig, men som sådan, i rummet, i historien, i altings forskellige forklædninger.

Så er ikke alene troen absurd, men selve eksistensen, mit liv – eller snarere *uliv*. Og her hjælper brede skuldre og langspyt ikke.

Men når SK siger, vi kun kan tro *mod Forstanden*, stik imod vores fornuft og viden, tilføjer han polisk: "med forstandens samtykke"!

Han forklarer, at forstanden skal have et *lykkeligt Sammenstød* med paradokset. Ellers bliver vi bare forargede over, at Jesus som Guds søn skulle lide og dø så harmfuldt – og hvordan skulle en fattig stymper med den anden kind vendt til samtidig være en del af evigheden, vores frelser og forsoner?

Men forargelse, siger filosoffen, er spild af tid og kræfter, den kan ikke bruges til noget.

Forstanden, der også kan præstere lidenskab, skal *antage troens form*, blive til tro alene ved at erkende, at paradokset findes!

Det ligner et snuptag, men er en erkendelse af den menneskelige virkelighed: vi *har* en forstand – men dels er den os givet og skal derfor bruges, dels har vi den ikke nødvendigvis for at kunne *udelukke* Gud.

Således kan i sidste ende – og i den gode sags tjeneste – logikken (omtanken) alligevel godt anvendes til at markere pointen. Enten er tro-modsat-forstand et lynende klart og overbevisende budskab, eller også er det horribelt intetsigende.

Det er med andre ord et *enten eller.*

Det er på den baggrund, at SK gennemfører sit opgør med Hegel og hans skole, der ser kristentroen som noget "umiddelbart", nærmest en følelse, en stemning eller *vapeurs*, som mennesket skal række ud over for at få adgang til en *hoiere Videnssfære*.

Men *Troen,* siger SK, *er ikke Hjertets umiddelbare Drift, men Tilværelsens Paradox.* Nuvel, måske en anelse fortænkt – men fremtænkt af et skabt menneske.

Det ændrer ikke noget fundamentalt, at han på den måde fifler lidt med begreberne. Forstanden er forstandig nok til ikke at gøre sig stejl over den slags små numre. Den, også kaldet fornuften, har kun godt af at blive "fortolket".

*

SK ser angsten som noget *eksistentielt*, et levende og aktivt element i vores liv: ingen undgår den, men enhver kan vælge at se bort fra den, en tid eller altid. Men når den til sidst "banker på", har den fulgt os fra begyndelsen, været en del af os.

Dødsangsten taler vi om, angsten for at dø og for selve det at være død – for det ukendte, vildt skræmmende land omme bag digerne.

For det er jo det, ordet "eksistentiel" betyder: døden er livgivende ved at hænge sammen med livet, give det mening – åndelig ballast og vingefang!

Men hvis vi helt naturligt *fødes til at kunne dø*, hvis vores jordiske liv fra første til sidste åndedrag peger mod sin egen afslutning, bliver angsten for døden samtidig en angst for livet, det vil sige for at leve.

Det ene kan ikke skilles fra det andet.

Dødsangsten kunne lige så godt hedde livsangsten: den fylder *livet* med angst, livet dunker af den, uvægerligt.

Meningen skulle være, at vi bevidst åbner øjnene for både liv og død, fattede og besluttede; først da er vi ikke længere bange for angsten. For livet ikke heller.

SK nærmest afmonterer døden ved at tage den alvorligt i levende live! Den har ikke alene en årsag (som er livet), men en hensigt, en plan, som er eksistensen – her og sidenhen.

Helt derude hvor salmedigteren øjner "de levendes land".

Således at tage døden alvorligt er at tro. SK kalder det *Springet*, hvad der er velvalgt, så meget uvist og voveligt det indebærer. Et spring, der ændrer alt i den person, der tilsyneladende forbliver den samme.

Undervejs med Søren Åbye Kierkegaard, har jeg ind i mellem savnet at kunne lide ham lidt mere. Han virker ikke vildt sympatisk, er lidt af en kold fisk.

Nu spørger jeg mig selv, om jeg ville have fattet ham bedre, hvis jeg ikke kun havde været imponeret over hans åndelige og intellektuelle vingefang – foruden charmeret af hans humor og hans sylespidse pen!

(jeg ved nok, at teologer, højskolekredse, kirkelige retninger og sammenslutninger i Danmark har været eller er i totterne på hinanden omkring SK og hans betydning, at tidehvervske, grundtvigske, indremissionske og ateistiske kredse enten ser ham som alfa og omega eller affejer ham som en spekulativ, livsfjern galning, jeg ved nok, at de teologiske fakulteter og institutter i København og Århus engang så skævt til hinanden omkring hans udlægning af kristendommen ("skabelsesteologi" ctr. "eksistensteologi", hvad var hans "system", osv?) og dens enten skæbnesvangre eller frelsende karakter ("den kierkegaard'ske jeg-frelse") ... jeg ved alt det uden at ville vide det, uden at ville andet her end finde ud af, hvorfor jeg i mit galliske hjørne af Europa kom til og med bind tyve – mere klarer jeg ikke, vil jeg heller ikke)

Måske opstod der dog undervejs en slags *med-følelse*, en diskret hengivenhed. En sær støder er han og voldsomt indgribende. Skæbneperson så det basker.

*

Jeg lærte at svømme på badeanstalten "Helgoland" på Amager strand.

Gymnastiklæreren spændte korkbælter om os og stod ellers oppe på gangbroen med en lang lanse, parat til at hive klodderhovederne i land.

Angste, det var vi; når vi rystede, var det ikke kun af kulde. Vi vidste endda ikke, at der var 70.000 favne ned til bunden.

ooo